KLAUS P. FISCHER / HERMANN SEIFERMANN

VOM HEILSAMEN GLAUBEN

AF191756

Impressum

VOM HEILSAMEN GLAUBEN
von Klaus P. Fischer / Hermann Seifermann

ISBN:	978-3-8192-6402-3
Hrsg.:	Hans-Jürgen Sträter
Verlag:	BoD · Books on Demand GmbH,
	Überseering 33, 22297 Hamburg, bod@bod.de
Druck:	Libri Plureos GmbH,
	Friedensallee 273, 22763 Hamburg
Bilder:	Johann Heinrich Roos (wikimedia commons)
Ausgabe:	2025

Inhalt

Vorwort

Die nachfolgenden Kapitel kreisen um bekannte Schwierigkeiten des christlichen Glaubens, die unter Aspekten wie *Angst, Sünde, Tod, Nichts* und *Gott* bekannt sind und verhandelt werden. Jeder dieser Namen ist belastet – oft so stark, dass seinetwegen die Frohe Botschaft namens Evangelium nicht durchdringt, nicht erkennbar wird, ja Widerwille und Gegenwehr erzeugt.

Vordergründig hält man den Glauben für irrational, unmodern, unwissenschaftlich, lebensfeindlich, eine Zumutung für nüchtern–pragmatische Lebensführung.

Untergründig jedoch beunruhigen die eingangs genannten Wörter und Namen den Seelenfrieden ähnlich wie kaum fassbare, gefürchtete Viren.

Auf den folgenden Seiten wird versucht, die genannten Stichworte nüchtern und realistisch zu klären und damit die Chance für mitdenkende Leser und Leserinnen zu erhöhen, die biblische Gottesbotschaft besser zu verstehen – sie zu begreifen als Medikament *gegen*, ja Heilung *von* Angst, Ich-Besessenheit, Tod und Sünde.

Der letzte Beitrag über das biblische Verständnis von "Sünde" stammt von meinem inzwischen verstorbenen Kollegen *Hermann Seifermann* und gibt einen Vortrag wieder, den er am 23. März 2004 an der Pfarrei Philipp Neri in München gehalten hat. Die übrigen Ausführungen gehen zurück auf eigene Vorträge des Verfassers in Speyer, Würzburg und Freising. Sie wurden für diese Ausgabe überarbeitet und zum Teil erweitert.

Heidelberg, im April 2025

Klaus P. Fischer

WAS „BRINGT" GLAUBEN?

Wofür ist Glauben, ist der Glaube gut? Was "bringt" er?

Eine junge, sich als gläubig bekennende Frau erregte in einer Gruppe Gleichaltriger Aufsehen, als sie bekannte, sie gehe in die Kirche und bemühe sich, sich religiös weiterzubilden. Erstaunen und Kopfschütteln: *Was bringt dir das? Was gibt dir das?*

Das ist nicht in nur einem Satz erklärbar.

Derzeit stehen viele Menschen dem offiziell-kirchlichen Christentum fern (in 2025 mehr als die Hälfte der deutschen Bevölkerung), da sie an einem oft frühen Punkt ihres Lebensganges das Gefühl hatten: der Glaube (der Eltern, Großeltern, der Pfarrer, des Papstes usf.) gibt mir nichts, "bringt" mir nichts.

Manche sagen, sie hätten lange Zeit Geld in Kollekten ausgegeben, aber nichts dafür bekommen.

Ein bildungsbewusstes Publikum demonstriert Verwunderung: Glaube, das haben wir doch hinter uns! Das ist nur etwas für Kinder und für Leute, die nicht erwachsen werden wollen (wie schon *Sigmund Freud* diagnostizierte). Manche gehen noch in den Weihnachtsgottesdienst "fürs Gefühl" ...

7

Die verbreitete Stimmung gegenüber "Glaube" und Religion hat schon *Goethe* im „Faust", in der Walpurgisnacht der Geister und Hexen, eingefangen, wo er seine Epoche ironisch charakterisiert:

Ihr seid noch immer da! Nein, das ist unerhört!

Verschwindet doch, wir haben aufgeklärt!

In privaten Gesprächen, gelegentlich in Talkshows kommt es vor, dass jemand bekennt, sie/er glaube. Aber „was bedeutet Ihnen/dir das?" kommt dann schnell die Gegenfrage.

Dann wird Rechenschaft über die Glaubensüberzeugung erwartet, wie schon der 1. Petrusbrief im NT vorhersagt (3,15f).

Es verwundert kaum, dass Christen schon früh versuchten, das *Gut-sein-für*, also den "Nutzen" des Glaubens zu begründen.

So etwa *Augustinus.* Er schrieb Ende des 4. Jahrhunderts eine anspruchsvolle Abhandlung *Über den Nutzen des Glaubens (De utilitate credendi).*

Anlass, dieses Buch zu schreiben, war ein Jugendfreund, welcher der *Manichäier-Bewegung* angehörte, deren Mitglied auch *Augustinus* zuvor für einige Jahre gewesen war.

Manichäismus war eine damals modische, aus Persien stammende Erlösungslehre, wonach der einzelne Mensch durch einen besonderen Akt der *Erkenntnis* sich aus dieser Welt des Stoffes nach und nach befreien könne, um beim Tod in die himmlische Licht-Welt einzugehen – ein Weg, auf dem er auch vom Kreislauf der Seelenwanderung erlöst würde.

Augustinus hatte den Freund zuvor sogar für die Manichäer geworben. Nun selbst Christ geworden, suchte er seinen Freund auch fürs Christentum zu gewinnen.

Die Hürde war die christliche Forderung zu *glauben* (anstelle von "Erkenntnis pur").

Die Manichäer setzten auf Rationalität, rationale Erkenntnis, lehnten Judentum und Christentum wegen deren Glaubens-Forderung ab.

Deshalb konzentrierte *Augustinus* sein Bemühen darauf, dem Freund *Glauben* als eine ganz alltägliche Sache begreiflich zu machen: Das meiste, was wir unser Wissen nennen, beruht auf Glauben: wir wissen etwas, indem wir einer Autorität (etwa medizinischen, astronomischen, ökonomischen usw) glauben. Unsere Schulbildung beruht weitgehend auf Glauben (Was uns Lehrer ´beibringen`, haben wir zum geringsten Teil selbst gesehen, erlebt, erfunden, begriffen). Deshalb, so *Augustinus*, sei auch Glauben, wofür die Kirche wirbt, etwas uns längst Vertrautes – nur glauben wir in diesem Fall eben *Jesus*, den Aposteln, Predigern und anderen Sachverständigen, *wie Gott uns sieht*, was sein Wille ist, was er mit uns vorhat.

Im 1. Teil seines Buches „Vom Nutzen des Glaubens" gibt *Augustinus* auch Regeln an für eine saubere, verlässliche Auslegung der Bibel.

Augustinus konnte seinen Freund jedoch nicht überzeugen. Der wurde, im Gegenteil, zu einem Spötter über die Kirche und ihre Gläubigen. Aber *Augustinus* schrieb sein Buch nicht nur für den Freund, sondern auch für weitere Kreise, die Vorbehalte gegen Glauben hatten und haben.

Auch heute, in der modernen Welt, stellen viele die Erkenntnis, rationales Wissen, Wissenschaft über Glauben. Auch sie könnten bedenken, wie lebens-praktisch *Glauben* schon im normalen Leben ist und was *glauben* im christlich-biblischen Sinne genau bedeutet.

Schon vor Jahrzehnten veröffentlichte der evan-gelische Theologe *Heinz Zahrnt* ein Buch mit dem Titel *Wozu ist das Christentum gut?*

Der Titel passte in die damalige geistige Landschaft. Die neomarxistische Kulturrevolution wollte alles und jedes der Prüfung unterziehen, wie weit es die Gesellschaft verändere und produktiv voranbringe.

Auch Theologen waren der Forderung ausgesetzt, sich "gesellschaftlich zu legitimieren". *Zahrnt,* kein Ideologe im Pastoren-Talar, nutzte die Chance, um viel weiter auszuholen, nämlich zu verdeutlichen, was Religion überhaupt ist, inwiefern Christentum auch Religion ist, und welch lebenswichtige Bedeutung es gerade auch in der Spätmoderne hat.

Er stellte heraus, dass die Menschen im Leben zwei konträre Erfahrungen machen. Negativ: Leiden am Leben, Sich-wund-reiben an Realitäten des Lebens, Enttäuschung über die arge Welt und ihre Menschen; positiv: eine unstillbare Sehnsucht nach erfülltem, ganzem Leben, nach Geheilt-werden und Heil-sein, nach einer *guten* Welt und einer guten, menschenfreundlichen Lebensmacht, die man gerne Gott nennen würde, wäre das Wort nicht so belastet.

Dazu kommt die Erkenntnis zumal der Älteren, die mit den Jahren deutlicher fühlen, dass das, was ihnen das Leben geboten hat, doch noch nicht alles gewesen sein könne.

In dem Kinderbuchtitel von *Maurice Sendak,* „There must be more to Life", deutsch: „Es muss im Leben mehr als alles geben" (Higgelti Piggelti Pop) kommt das unübertrefflich zum Ausdruck.

Zahrnt registrierte auch, wie die Menschen auch der Moderne scharenweise angezogen sind von

Angeboten für ein "richtiges", erfülltes, gelingendes Leben. Und verweist darauf, dass die Menschen der Bibel *Gott* erfahren haben und bezeugen *als Ursprung und Quelle von Leben.*

In der Tat wird Gott in der Bibel entsprechend tituliert, auf Hebräisch: *El Chaj, El Chajjim, Elohim Chajjim usw.,* zu deutsch*: Leben-Gott* (= Gott, der Leben gibt, ja Leben ist).

Das *Buch der Weisheit* nennt Gott einen *philópsychos,* einen *Lebensfreund* (11,26).
Auch das Jesus-Wort: *Was nützt es dem Menschen, die ganze Welt zu gewinnen, doch Schaden zu leiden an seiner psyché* (Mk 8,36 Par) versteht unter „Seele" den hebräischen Begriff *nefesch,* was *Lebenskraft*, eben das *Leben* bedeutet.

Die Menschen der Bibel erkannten also einen inneren Zusammenhang zwischen ihrer Lebens-Sehnsucht und *Gott.*

So lässt sich, unter diesem Aspekt, Glaube auch *Ermutigung zum Leben* nennen.

GLAUBE UND VERTRAUEN

Immer wieder appelliert Jesus vor seinen Zuhörern an ihren Glauben, ihr Vertrauen.

Kritiker jeder Generation beteuern jedoch: „glauben heißt nicht wissen"!

Sie haben zunächst Recht; denn in allen Dingen dieser Welt kommt man mit „glauben" im Sinne von „vermuten, raten" nicht weit. Vielmehr sind wir gehalten, uns in dieser Welt um Erfahrung und Wissen zu bemühen.

Die Bibel allerdings spricht von „glauben" = „(ver)trauen" *nur* in Bezug auf *Gott.* Gott ist kein Welt-Ding, sondern – vorsichtig gesagt – das *Geheimnis hinter* all dem, was wir sehen, hören, tasten, greifen können.

Wenn sich dieses Geheimnis für uns öffnet – man nennt es Offenbarung – , können Menschen ihm nur entweder trauen oder sich ihm misstrauisch verschließen.

Das Alte Israel bezeugt seine Erfahrung mit diesem offenbarten Gott-Geheimnis, nämlich: der Mensch, der schwach ist gegen die Naturkräfte, gegen die "Mächte und Gewalten", der in Not gerät, in Gefahr, der endlich dem Tod unterliegt – dieser Mensch empfängt *Leben,* wo und wenn er sich vertrauend diesem Gott-Geheimnis öffnet.

Denn dieser Gott lehrt Menschen den *Weg* zum Leben, den einen Weg, der sicher durch die Fluten, über die Moore und Abgründe der Welt führt.

Weil dieser Weg der einzige ist, der sicher durch und über die Abgründe führt, besteht Gott mit Warnungen und Strenge auf seiner Wegweisung, ähnlich einer Mutter oder einem Vater, die oder der dem Kind einschärft: Hör! Geh nicht von mir weg! Bleib auf dem Gehsteig, damit du nicht unter die Räder kommst! Lass die Finger von dem und jenem!

Wenn und indem das Kind *hört,* bleibt es sicher und am Leben. *Vertrauen* in Vater und Mutter ist das Lebens-Mittel des Kindes.

Das weiß auch der Prophet *Habakuk:* „der Gerechte bleibt wegen seiner Treue am Leben".

Besser übersetzt *Martin Buber:* „Der Bewährte wird leben durch sein Vertrauen" – , das Vertrauen nämlich, das er in Gott setzt: er bewährt sich durch sein Hören auf Gott, und das ist sein Lebens-Mittel: Gott, besorgt um den Menschen wie Vater oder Mutter, hält ihn fest und am Leben, führt ihn durch jene Schluchten, die Vorschattungen des Todes sind.

Dahindurch führt auch das Evangelium (Lk 17,5).

Die Apostel sagen zum Herrn *nicht* bloß „Stärke unseren Glauben", sondern (wörtlich übersetzt): „Tu uns / füge uns Vertrauen hinzu!" Denn: Wir haben noch keinen Glauben, kein Vertrauen. Daher: Mach aus uns Glaubenslosen Gläubige!

Warum sagen sie so etwas? Weil sie Erwachsene sind und Vertrauen verlernt haben.

Im darauffolgenden Kapitel erklärt Jesus den Jüngern – sie wollen Mütter mit Kindern zurückdrängen – in mahnendem Ton: „Wer Gottes Königschaft nicht empfängt wie ein Kind, wird zu ihr keinen Zutritt finden!" (Lk 18,17).

Doch Jesus erfüllt die ausdrückliche Bitte der Apostel – Mach uns zu Vertrauenden! – *nicht*. Das Vertrauen-Können muss aus ihnen kommen, sie haben es vergessen oder verlernt. Vielmehr fordert er sie heraus: „Wenn euer (Gott-)Vertrauen auch nur so ´klitzeklein` wäre wie ein Senfkörnchen, würdet ihr zu dem Maulbeerbaum (hier) sagen: Werde entwurzelt und im Meer (neu) eingepflanzt, er hätte schon auf euch gehört!"

Zum Verständnis dieser Provokation: hier wird in *Passiv*-Form gesprochen (*nicht* reflexiv: entwurzle dich, verpflanze dich!). Wenn die Bibel zu Passiv-Formen greift, spricht sie indirekt von *Gottes* Tat! Heißt: Hättet ihr auch nur ein wenig Vertrauen in

Gott, er würde Menschenunmögliches, Unvorstellbares *für euch tun*!

Der Maulbeerbaum gilt im Nahen Osten als einer der am festesten und tiefst verwurzelten Bäume, die Hunderte von Jahren überdauern. Ihn zu entwurzeln, sagt man, ein Ding der Unmöglichkeit.

Doch „für Gott ist kein Ding unmöglich", sagt im Anfang des Lk-Evangeliums der Engel zu Maria.

Es geht nicht um Sensationen. Jesus will sagen: Gott wird, wenn ihr es braucht und ihm "traut", ihm auch nur ein wenig vertraut, Menschenunmögliches für euch möglich machen; wird euch durch Gefahren führen, in denen ihr, auf euch allein gestellt, vergehen würdet vor Angst.

Wohin das zielt, wenn Gott Unmögliches möglich macht, sehen wir am Ende des Evangeliums: nicht nur ist der schwere Grabstein schon weggewälzt, als die Frauen zum Grab kommen, auch der Tod ist – ein Ding der Unmöglichkeit – weggewälzt; der Tote, der Gekreuzigte lebt und erweist sich den verängstigten, todtraurigen Jüngern als lebendig und Leben schenkend (in *Emmaus*).

Biblische Texte sind eine Schule des Vertrauens, des Vertrauens in Gott, als Schule der Überwindung unserer Lebens- und Todesangst.

AUF SUCHE NACH DEM „GNÄDIGEN" GOTT

Martin Luther, ein tiefernster Augustinermönch, im Geist der damals wie auch heute noch umgehenden Vorstellung gefangen, Gott gefallen zu müssen mit Hilfe von allerhand "guten" Werken (Andacht, Gebetseifer, Fasten, Geißelungen, Almosen u.a.m.), spürte je länger je mehr das Aussichtslose seiner Mühen. Der ganze Aufwand brachte ihm nie die innere Gewissheit, vor Gott richtig, „in Ordnung" zu sein. Er beobachtete an sich und anderen, wie brüchig und unvollständig dieses Mühen war. So erlangte er nie die fühlbare Gewissheit, von Gott angenommen, bejaht und ins Leben gerufen ("gerechtfertigt") zu sein. Er war nahe daran, an sich und an Gott zu verzweifeln, was hieß, sein Leben und alle Anstrengung als sinnlos zu bewerten.

Luther gestand später, er habe Gott dafür nur noch „hassen" können.

Sein Ringen um einen „gnädigen Gott", einen Gott, der dieses schwache, ausgelieferte Menschlein bejaht, fand schließlich beim Apostel *Paulus* Rettung.

Paulus hatte an sich selbst die Kluft zwischen Wollen und Vollbringen erfahren: dass seine Anstrengung nie einholen kann, was human und ethisch als Pflicht und Vollkommenheit gilt. *Paulus* – ebenfalls ein gesetzeseifriger, Vollkommenheit suchender Mensch – hatte schließlich Rettung gefunden aus seiner Frustration, und zwar dank besserer Einsicht in den tiefsten Sinn biblischer Gottesbotschaft: jeder Mensch ist, noch ehe er irgendetwas leisten kann (mit dem Ziel, Gott für sich einzunehmen und Strafe abzuwenden), schon im voraus, mit Beginn seines Daseins von Gott bejaht, angenommen und geliebt („gerecht", d.h. vor Gott „recht").[1]

Jedem Menschen schenkt Gott im voraus seine Huld, Gunst, Liebe (´Gnade`/*cháris*). Es hängt also *nicht erst* von des Menschen Taten, Wohlverhalten, Leistungen (d.h. vom tadellosen Befolgen des „Gesetzes") ab, ob Gott ihn liebt, vielmehr soll der Mensch begreifen und darauf trauen, dass Gott ihn ohne Vorbedingung liebt, eingeschlossen seine, des Menschen Schwäche und Unvollkommenheit.

Damit erfassen wir das Wesentliche christlichen *Glaubens*: Jeder Mensch ist eingeladen, an diese ihm bedingungslos zugewandte Liebe Gottes zu glauben und darauf zu bauen – *auch* und zumal in den Höhen und Tiefen des Lebens.

Diese Einsicht erfuhr *Paulus* ähnlich erlösend wie *Luther*, der sie quasi wiederentdeckte.

Der Apostel zieht daraus wichtige Folgerungen: wer diesem Gott traut, wer ihm glaubt und daran festhält, für den gibt es keine Gefahr der Verwer-

---

[1] Vgl. Röm 3, 21-26

fung oder Verdammung mehr (Röm 8,1). Er darf sich in kindlichem Vertrauen bei Gott geborgen wissen (Röm 8,15-18).

Gott ist also keine unheimlich-undurchschaubare, auf Angst bauende Macht, Gott ist vielmehr „Gott für uns" (Röm 8,31), *Immanu El,* der in Jesus Beweis und Unterpfand seiner unzerstörbaren Liebe gab und gibt (Röm 8,32ff).

Daraus zieht der Apostel die Gewissheit: keine Macht der Welt, weder Tod noch Leben, nicht Vergangenheit, Gegenwart oder Zukunft können auf Gott Trauende von seiner Liebe trennen (Röm 8,38f).

Paulus meint einen Glauben, der nicht bloß Fürwahr-Halten ist. Er meint *Vertrauen,* das unsere Existenz entlastet, erlöst. Denn In-Gott-Geborgensein ist dynamisch, ist Kraft. Darauf macht er die Christen aufmerksam: mit der Taufe haben sie den Geist empfangen, „in dem wir rufen: Abba = lieber Vater!" (Röm 8,15).

Mit dem Geist hat ihnen Gott von seiner Kraft mitgeteilt, dank der sie „neue" Menschen, nämlich *liebende* Menschen werden können (Röm 6,4). Christen sind aufgerufen, dieser in ihnen lebendigen Gottesgabe zu trauen, sie in ihr Leben zu übersetzen (Röm 6,4). Wiederum sollen sie dies aber nicht so auffassen, als wäre ihnen damit nun doch wieder ein Leistungskatalog auferlegt, an dem sie sich abarbeiten, der sie am Ende verzweifeln ließe. Dann wäre Frohbotschaft in Drohbotschaft verkehrt.

Dass es so nicht gemeint ist, zeigt *Paulus* mit Erläuterungen zur unverlierbaren Gottesliebe (Röm 8). Auch lässt sie sich wichtigen Jesus-Gleichnissen entnehmen: etwa der großen Freude des Vaters über seinen Sohn, der ein Leben in Gottferne durchexperimentiert hatte: heimgekehrt, verteidigt ihn der Vater gegen den älteren Bruder, der Gerechtigkeit fordert und für den jüngeren die Verdammung will (Lk 15,11-32).

Entsprechend im Gleichnis vom Pharisäer und Zöllner im Tempel: anders als der Pharisäer hat der Zöllner nichts an Lebensleistung, das er Gott vorzeigen könnte. Das Manko illusionslos eingestehend, traut er dennoch auf Gottes Erbarmen und geht „gerecht gemacht" (d.h. von Gott angenommen) von dannen (Lk 18, 9-14).

Gottes Frohbotschaft zielt auf genau das, was Menschen von Anfang an möchten, ersehnen, benötigen.

Das neugeborene Kind sucht unmittelbar die bergende Heimat der Mutter (ob leiblich oder Stellvertreterin), sucht vor allen Worten Signale dafür, gewollt, bejaht, angenommen zu sein (anders entwickelt es kein Ja zum Leben). Das Urbedürfnis nach Bejaht- und Angenommensein lebt in den Menschen bis zum Ende.

Von daher beurteilen, bemessen sie den Wert, den biblischer Glaube samt Kirche für sie haben kann.

Wird in einer profan gewordenen Gesellschaft an Christen die Frage gestellt ob Gott auch andersgläubige, sogar ungläubige Menschen liebe, sollte die Antwort nur ein klares JA sein.

Damit ist noch nicht alles gesagt, aber das Entscheidende.

Es ist in den Worten eines spirituellen Lehrers enthalten: *Gott kann so viele Dinge, die ich sage und tue, nicht billigen, doch in genau diesen Dingen ´akzeptiert` er mich bedingungslos.*[2] Denn Gott ist „Gott, kein Mensch": in jedem Zorn bleibt Gottes „Herz", bleibt sein brennendes „Erbarmen" Israel und dessen Nachkommen zugewandt (Hos 11,8f).

Ist doch schon jeder Zorn von Mutter oder Vater die hoch alarmierte Sorge der Liebe.

---

[2] *H. Alphonso*, Die persönliche Berufung (Münsterschwarzach 1993), 56

IST GOTT EIN „NICHTSTUER (DEUS OTIOSUS)"?

Gelegentlich begegnet man Leuten, die – gefragt oder ungefragt – einem versichern, sie glaubten durchaus an Gott – es müsse ja „das alles" - die Welt - irgendwo herkommen; doch könnten sie nicht glauben, dass er sich um uns Menschlein, gar „um mich persönlich" kümmere. Sie betonen es lächelnd, mit überlegenem Augenaufschlag.

Die Leute zitieren – wissentlich oder unwissentlich – *Sigmund Freud,* der eben dies einmal niederschrieb: An Gott glauben sei gleichbedeutend mit der Vorstellung eines Gottes, der sich um uns Menschen kümmert; so etwas zu glauben aber sei ein seelisches Überbleibsel aus der Kindheit. Erwachsene würden sich selber um das kümmern, was sie brauchen oder wollen.

Seitdem hat sich dieser Eindruck bei nicht wenigen noch verschärft: Je mehr sich Menschen – etwa im Planetarium – bewusst machen, wie unvorstellbar weit (ca. 13 Mrd Lichtjahre) und wie ungeheuer alt (ibid.) dieses Weltall ist, desto weniger können sie sich vorstellen, dass der phantastisch überlegene ´Architekt`, ´Ingenieur` oder Schöpfer im Hintergrund, jenseits von Raum und Zeit, sich für uns Winzlinge interessiere, die wir erst einige zehntausend Jahre auf diesem abseitigen Planeten ´herumkriechen`. Die Erfolge und Sorgen, das Kampfgeschrei und Sich-aufplustern des *Homo sapiens,* dieser Randfigur des Kosmos, seien bloß lächerlich, bedeutungslos für einen Schöpfer dieses Universums, von dem wir bloß kleine Ausschnitte kennen.

So etwa dachten altberühmte Physiker wie *Max Planck* und *Albert Einstein,* so denken aber auch etliche lebende Forscher. Der biblische Glaube kommt ihnen anthropomorph, provinziell, geozentrisch vor.

Manche Gebildete werfen Gläubigen vor, sie schrieben sich als Menschen eine Bedeutung zu, die illusionär sei: in Horizont und Realität des gigantischen Kosmos seien wir Menschen, zumal als Individuen, *bedeutungslos* – bedeutend seien die großen Materie-Systeme, die Gesetze und Energien des Kosmos, seine Rätsel und Geheimnisse.

Solche Einwände hat man wohl schon einmal gehört, gelesen, selbst gedacht – und war vermutlich betroffen: wenn es so wäre, dann wäre ja auch ich, mein Leben ohne jede Bedeutung: ob ich existiere oder nicht, ob ich recht tue oder übel, ob ich – einen Berg an Lebensproblemen vor mir – lebe, mich mühe oder "den ganzen Bettel hinwerfe" (wie nicht wenige); mein Leid, mein Tod müssten keinen interessieren, ja würden vom Kosmos nicht einmal registriert. Alles Unglück, das ausbricht, wenn Menschen einander ans Leben wollen, sich bekriegen, wäre für das Weltall eine Nichtigkeit.

Die Frage – ist Gott nicht viel zu groß, um sich für uns kleine Würmer zu interessieren? – ist jedoch nicht neu, sondern uralt. Schon in Vielgötter-Religionen wurde sie gestellt.

Ob Götter überhaupt für Menschen in Not ein Ohr haben, trieb etwa Menschen der Spät-Antike um, jener Epoche, in der das Christentum entstand. Die (griechischen, römischen) Götter kümmern sich um sich selbst, nicht um die Dinge der Menschen, behaupteten etwa die Epikureer: die Götter führten ihr eigenes, sorgenfreies, *seliges* Leben, seien aber Nichtstuer (*otiosi*) in Bezug auf menschliche Angelegenheiten.

Es sei lächerlich zu glauben, Schicksale von Menschen ("Eintagsfliegen", so der Dichter *Aischylos*) seien irgendwelchen Göttern wichtig.

Unter den Römern vor der Zeitenwende herrschte hier große Uneinigkeit, berichtet *Cicero*, der diesem Thema seine Schrift *De natura deorum* ("Die Art der Götter" – ca. 45 v.C.) widmete: Ihm erschien es undenkbar, solch eine wichtige Frage auf sich beruhen zu lassen.

In der frühen europäischen Aufklärungszeit (16.-17.Jh) entstand eine als „Deismus" bezeichnete Weltanschauung, die eine mit Naturwissenschaft verträgliche Religion anbot: ihr zufolge hat Gott zwar die Welt geschaffen, ihre Bewegungen gesetzmäßig geordnet, sie dann aber wie ein überdimensionales Uhrwerk sich selbst überlassen (die funktionierende Uhr macht den Uhrmacher arbeitslos).

Von daher verwarf die sogenannte „natürliche Religion" der "Aufklärung" die biblischen Gottes-zeugnisse – ihr "anthropomorphes" Gottesbild passte nicht mehr ins Weltbild.

Auch schien ja der Gott der Bibel ein „Deus otiosus" ("müßiger Gott") zu sein, sagt doch auch Gen 2,1f, dass Gott „ruhte" nach seinem Schöpfungswerk.

Am 7. Tag der Schöpfung sagt die Bibel zwar, dass Gott „ruhte von seinem Werk".

Aber das Wort „ruhen" (שבת) steht nicht allein da, es ist umgeben von „vollmachen" (כלה), „segnen" (ברך) und „heiligen" (קדש) des Schöpfungswerkes.

„Ruhen" meint nicht ´ausruhen`, gar schlafen, es besagt *feiern*, die Feier-Ruhe, das feiernde Sich-vergewissern des Schöpfers über das Gut-, ja Sehr-gut-sein und Zugute-sein der Schöpfung.

Entsprechend soll der Mensch am 7. Tag sich vor das Antlitz des Herrn begeben, sich prüfen lassen auf „Bewährtsein" (Gerechtigkeit) und sich neu senden lassen in das (Schöpfungs-) Werk.

Er soll sich je neu bewähren im Zugute-sein und Zugute-machen des ihm zugewiesenen Bereichs von Gottes Schöpfungswerk

GLAUBEN IN ANGST

Früh lernen Menschen die Angst kennen – jenen Zustand, wo einem eng wird, man zu ersticken meint, die Pupillen sich weiten, das Gesicht sich verzerrt, man sich körperlich oder seelisch duckt, wo uns der fast unwiderstehliche Trieb erfasst, wegzulaufen, ganz weit, hinter den Horizont oder in ein Versteck, oder wo, im Gegenteil, uns Schockstarre ergreift und lähmt, wo wir zu keiner Reaktion, Handlung, zu keinem Wort fähig sind.

Das Wort *Angst* verbindet uns sprachlich mit den Nachbarn (Griechen, Römer, Kelten, Germanen), *agchein, angere* = würgen, *angor* = Beklemmung, *ansietá, angustia* = Angst, *angoisse; anxious, anxiety* – all diese Ausdrücke ang-, æng- meinen das Eng-sein, die Enge, die auf einem lastet, einen bedrückt, die Luft abschnürt.

Ähnlich im Semitischen: das Adjektiv *zar* (צַר) meint „eng", das Nomen „Bedrängnis, Angst".

Man hört Leute etwa klagen: In diesem Raum, in Nähe zu dieser Person kann ich nicht atmen – ist mir eng, bin ich beklommen.

Angst stellt sich ein, wo Krankheit, Unfall, Verlust des Arbeitsplatzes, gar Krieg Zukunftshoffnungen massiv in Frage stellen.

Denn "hier wie überhaupt kommt es anders, als man glaubt": sagt Lebensweisheit bei *Wilhelm Busch*.

Aber Menschen ängstigen sich nicht bloß vor akuten Gefahren oder Ereignissen, sondern auch vor *Möglichkeiten,* vor dem, was kommen *kann.*

Das Kind hört Erwachsene vielleicht sagen: *Du Dummerchen musst doch keine Angst haben*!

Das klingt, als wäre Angst-haben etwas Kindliches - als hätten Erwachsene keine Angst. Natürlich haben sie für gewöhnlich auch keine Angst vor dem, was ein Kind ängstigt.

Wie kommt Angst zu Erwachsenen?

Erwägen wir das *Grimm*sche Märchen „Von einem, der auszog, das Fürchten zu lernen"!

Der Junge im Märchen will das „Gruseln" lernen, eine intensive Form von Angst.

Doch kommt heraus: weder Galgen noch Leichen noch Gespenster können ihm Angst einjagen. Er nimmt deren Erscheinen locker wie Erwachsene (und ältere Kinder), wenn sie auf der Kirmes Geisterbahn fahren. Mit Toten und Geistern geht der Junge so normal um wie mit Spielkameraden, mit denen er zankt und konkurriert.

Die drei nächtlichen Mutproben im königlichen Geisterschloss erlebt er nicht als *Mut*-Proben. Das liege daran, sagt das Märchen anfangs, dass er – im Gegensatz zum intelligenteren, älteren Bruder – *dumm* sei: „der Jüngste aber war dumm, konnte nichts begreifen und lernen".

Doch erweist der Fortgang des Märchens den Jungen durchaus tüchtig, überlebensfähig. Er ist körperlich kräftig wie ein Erwachsener, doch seelisch noch ein Kind.

Ein Kind bewegt sich in seiner kleinen Welt – Kinderzimmer, Sandkasten, Spielplatz – angstlos und angstfrei. Die große Welt, die in Erwachsenen zwiespältige Gefühle auslöst, ist noch nicht da für das Kind.

Im Märchen ist es am Schluss das kalte Wasser mit den zappelnden Fischlein, die in dem aufwachenden Schläfer eine Mischung aus Schreck und Ekel auslösen: plötzlich erfasst er, dass es Vorkommnisse und Entwicklungen gibt, die uns *unversehens im wehrlosen Zustand überfallen* oder sich an uns heranmachen.

Irritierend wirkt in diesem Rahmen ein Appell durch *Jesus*.

Denn er nahm, hören oder lesen wir, ein Kind, stellte es in die Mitte und sagte: „So ihr nicht umkehrt und werdet wie die Kinder, könnt ihr nicht hineinkommen ins Himmelreich" (Mt 18,2f Par).

Erwachsene sollen wieder wie Kinder werden? Das klingt vielen wie Nonsens.

Aber auch ein seriöser Mensch wie Papst *Johannes XXIII.*, der an den Tagen nach seiner Wahl (1958) mit kindlicher Neugier römische Viertel und Menschen außerhalb des Vatikan aufsuchte, erklärte einmal besorgten Mitarbeitern:

"Wer Glauben hat, zittert nicht. Er überstürzt nicht die Ereignisse, er ist nicht pessimistisch eingestellt. Er verliert nicht die Nerven. Glaube, das ist die Heiterkeit, die von Gott kommt"!

Doch überliefert der Evangelist *Lukas,* Jesus habe im Getsemani-Garten den "Vater" gebeten, den Leidenskelch ihm zu ersparen; in Todesangst (agonía) habe er inständig gebetet, und Tropfen von Angstschweiß seien wie Blutstropfen zur Erde geflossen (Lk 22,42f).

Auch der *Hebräerbrief* bekräftigt: „(Christus) hat mit lautem Schreien und unter Tränen Gebete und Bitten vor den gebracht, der ihn aus dem Tod retten konnte, und er ist erhört und *aus seiner Angst befreit* worden" (5,7).

Gleichzeitig nennt der Autor Jesus „den Anführer/ Urheber (*archegós*) und Vollender des Glaubens"! (12,2).

Wie kann man so verschiedene Aussagen zusammenbringen?

Man muss wohl unterscheiden. *Angst* ist vorab etwas Natürliches, Spontanes, signalisiert Gefahr, versetzt in Reaktionsbereitschaft: zu Flucht, zu Gegenwehr, zu Vorkehrungen.

Nicht selten treibt sie uns an, „allen Mut zusammenzunehmen", um eine schwierige Situation heil, wenigstens glimpflich zu überstehen. Angst will uns *helfen*.

Aber Angst in Form von *Ängstlichkeit* kann zum Hindernis der Lebensführung werden.

Halten wir zunächst fest: Angst ist nicht Schwäche oder Unreife, sie gehört vielmehr zur Grundausstattung der Menschen. Wann immer sie auftritt, bewegt sie uns nicht nur zu Reaktionen, sondern erinnert uns: wir sind nicht *all*-mächtig, haben *nicht* "alles im Griff" (was die Leute einander gern versichern), sind vielmehr – über die gesunde Kraft hinaus – *bedürftige* Wesen.

Die Bibel hat für diese unsere natürliche Bedürftigkeit – die Angst erinnert an sie – den Begriff

„Fleisch" (hebr. *basar*, gr. *sarx*): "Das Fleisch ist schwach" (Mk 14,38; Mt 26,41).

Angst ist daher Symptom unserer urmenschlichen Verletzlichkeit und Gefährdung.

Während ein Kind, wie gesagt, *spielend* im zeit- und endlosen, auch angstlosen Raum lebt, entdeckt der jugendliche Mensch *Endlichkeit* und *Befristung* der Dinge, Situationen, Zeiten, Menschen – auch die eigene.

Nicht selten ist Auslöser das Abschiednehmenmüssen von lieb und alt gewordenen Menschen (Großeltern, Eltern, Onkel, Tanten,) oder unerwartete Begegnung mit Sterbenden oder Verstorbenen.

Dieser Einbruch ins heiter-sorglose Leben ist Thema auch in *Helden-Sagen.*

Zum *Helden* wird dort nicht ein Mensch, der Tod und Teufel nicht fürchtet, sondern einer, der die Gefahr kennt oder kennenlernt, dem der *Tod* zum direkten Gegner wird und ihn erkennen lässt, dass ihm hier ein Feind gegenübertritt, den er nicht besiegen kann, dem er aber aufrecht entgegen geht, an dem er innerlich wächst.

Antike Helden vor Troja – *Achill, Patroklos, Hektor* – und Frauen, wie *Antigone* oder die biblische *Judith,* stellen sich der Lebensgefahr bewusst und aufrecht.

In der isländischen *Sage vom starken Grettir* (entstanden ca 1000 n.C.) wird diese Erfahrung einfühlsam beschrieben:

Grettir ist ein bärenhaft starker Kämpfer und Skalde (Dichter, Sänger), der wegen seiner Heldentaten in den von christlicher Mission erreichten Nordlanden wiederholt verfemt wird. Eines Tages, als er Island wieder betreten darf, wird er wegen seiner Kraft und Angstfreiheit von einem Onkel zu einem Bauernhof geschickt, auf dem es spukt – in Gestalt des ehemaligen Knechtes *Glam*, der Jahre zuvor erschlagen worden war.

Grettir übernimmt die Aufgabe, übernachtet dort und stellt sich dem Kampf mit dem Unhold. Vor Mitternacht betritt der Wiedergänger die Stube, wo Grettir sich niedergelegt hat:

Grettir sah, wie der Unhold hereintrat. So hoch ragte er auf, dass sein Schädel die Balken der Decke traf. Schließlich fühlte er ihn: die Knochenhand packte den Pelz. Da sprang Grettir ihn an, schlang die Arme um ihn und suchte, ihn auf den Rücken zu zwingen. Doch wie er auch presste, der Unhold hielt stand, klemmte ihn selbst zwischen die Arme und schleifte ihn über die Erde ins Freie. Grettir flog mit auf den Hof, doch lag er, als jener stürzte, über dem Feind und hob sich, ihn zu würgen. Als der Unhold fiel, fegte der Wind eine Wolke vom Mond, und Grettir spürte zum ersten Mal Furcht; denn der

Wiedergänger stierte ins Licht, und Grettir entsetzte sich derart, dass er nicht wagte, das Kurzschwert zu greifen. Er lag zwischen Leben und Sterben und hörte den Unhold sprechen: Der Kampf bringt dir Ruhm, Grettir. Du suchtest mich und bist stark; aber die doppelte Stärke war dir vom Schicksal bestimmt. Sie wird dir nicht werden, weil du mich [den Tod im Toten] *nicht bezwangst. Du wagst nicht das Letzte. Der Skalde in dir scheut vor dem Blick in das Grauen. Stark bleibst du, und mancher wird sterben durch dich. Doch vogelfrei wirst du schweifen, und was du auch tust: jeder Ort wird dir zur Fremde, und einsam irrst du künftig. Im Dunkel wirst du dich fürchten und unruhig sein, und durch die Nächte verfolgt dich der Blick meiner Augen, narrt dich das Grauen. Grettir: So fluche ich dir!* –

Es währte nicht lange, da merkte Grettir, dass ihn die Fluchworte Glams verfolgten. Nirgendwo mochte er ruhen. Sein Blick wurde jäh, und in Nächten sah er das Grauen, den Blick in des Toten Gesicht, das im Mondlichte lag.[3]

Wir erfahren, wie *Grettir* erstmals dem Tod begegnet und diese Begegnung seine sieggewohnte Kraft halbiert. Nach der Begegnung mit dem Tod im Toten ist er noch immer er selbst – und doch *nicht mehr derselbe.* Er kennt nun die Angst, das Grauen:

---

[3] Die Geschichte von dem starken Grettir, dem Geächteten (dt. Düsseldorf-Köln 1963); s.a. Sammlungen *Isländische Sagen* in dt. Übertragung

die Angst der Endlichkeit. Sie lebt in den konkret-realen Ängsten und Befürchtungen offen und versteckt.

Die Sage aus dem alten Island kennt noch nicht die Begegnung des Helden mit einem *anderen* Toten, dem ans Kreuz geschlagenen *Jesus.*

Er begegnet in Form von *Kruzifixen,* die jedoch (anders als die meisten *Ikonen*) Jesu Rettung aus dem Tod, seinen "Sieg" *nicht* abbilden. Sie signalisieren nur das *Memento mori.*

Dieses Fehlen könnte die in einer naturalistisch-neuheidnischen Gesellschaft gelegentlich auftre-tende, aggressive Abneigung gegen Kruzifixe im öffentlichen Raum anstacheln: nicht weil sie Bilder der "Unversöhnlichkeit" wären (wie der Dichter *Theodor Storm* argwöhnte), sondern weil sie, *als solche*, das Unentrinnbare, Hoffnungslose zeigen, das Menschen belastet, "die keine Hoffnung haben" (1Thess 4,13).

Es gibt, wie wir aus Erfahrung wissen, viele Ereig-nisse, die Beklemmung, Angst auslösen. Etliche Ängste kennen wir aus eigenem Erleben: Angst vor Krankheit, vor Schmerzen, vor Unglück, vor Katas-trophen, vor Verlust (des Partners, des Kindes, der Freundinnen und Freunde, des Arbeitsplatzes, von Hab und Gut), vor einer Prüfung (ihrem Ausgang), vor Wirtschaftskrisen, vor Krieg, vor Tod, vor der Zukunft, vor dem Leben überhaupt.

Manche Formen und Grade der Angst benötigen ärztlich-psychotherapeutische Hilfe.

Die quasi normale Palette der Ängste wird gesteigert durch albtraumhafte Dimensionen und Arten der Angst.

In einer grauenhaft-realeren Form als der sagenhafte *Grettir* lernte die junge holländische Jüdin *Etty* (Esther) *Hillesum* die Angst kennen. Nazi-Truppen hatten die Heimat besetzt und begannen mit systematischer Erfassung der Juden für die sogenannte *Endlösung.*

Etty führte 1941-1943 ein Tagebuch, das durch Freunde erhalten blieb.

Obwohl nicht religiös erzogen, fand die junge Frau durch ihre Liebesfähigkeit zum Glauben an Gott.

Unter den Tagebucheintragungen ihres letzten Lebensjahres heißt es unter anderem:

Ich nehme alles aus deinen Händen hin, mein Gott, wie es kommt. Ich weiß, dass es immer gut ist. Ich habe erfahren, dass man alles Schwere in Gutes verwandeln kann, indem man es trägt …

Die Vorstellung vom Leiden (die kein echtes 'Leiden` ist, denn das Leiden an sich ist fruchtbar und kann das Leben zu etwas Kostbarem machen) muss man aufgeben. Und gibt man diese Vorstellungen auf, in denen das Leben wie hinter Gittern gefangen sitzt, dann befreit man das wirkliche Leben und die Kräfte in seinem Innern, und dann wird man auch die Kraft haben, die wirklichen Leiden des eigenen Lebens und der Menschheit zu ertragen. (Das denkende Herz [1988], S.171)

Etty unterscheidet *kraft* ureigener Erfahrung die *Vorstellungen, Phantasien* von Gefahren, von *Leiden, real-leibhaftigen* Leiderfahrungen, die anders erlebt und bewältigt werden als bloß vorgestellte.

Säugetiere können, wie bekannt, aktuell Furcht empfinden: vor einem sich nähernden stärkeren Tier, einem Rivalen, einem Fressfeind, der sie bedroht.

Zuchttiere, zum Schlachter geführt, wittern oft den Tod voraus, schreien, wollen ausreißen.

Das kennen auch Menschen. Doch wir fürchten nicht bloß eine konkrete Bedrohung, sondern uns plagt Angst in Richtung auf *das Ganze*: die *Zeit*, das *Leben*, mögliches *Unheil* oder Unglück, eine räumlich oder zeitlich (zB Jahre) vorausgeahnte, entfernte Gefahr (wie Verlust des Partners, der Gesundheit; Seuchen, Gewalt und Krieg).

Menschliche Angst kann weit in Raum und Zeit ausgreifen – und manche versuchen, die Angst zu beruhigen mit dem Argument: "Aber das ist doch sehr weit weg!" Oder: "unwahrscheinlich!" Oder: "unrealistisch, unlogisch", u.ä.!

Aber Angst ist selten logisch-realistisch; sitzt tiefer als die aktuelle Lebenssituation.

Warum also sind Menschen Wesen, in denen Angst hochkommt?

Die Antwort aus traditioneller Philosophie und Theologie lautet:

Angst ist ein Lebensbegleiter, weil wir *geistige Wesen* sind.

Geist beinhaltet *offen* sein für das Universum, ja für das *Unendliche*. Geist überschreitet den Horizont, will über jede Grenze hinaus fragen, suchen und finden. Unsere Geist-Begabung bewirkt in uns eine zumeist geheime, zuweilen akute *Unruhe*.

Der französische Christ, Mathematiker und Denker *Blaise Pascal* beschreibt diese Unruhe:

Wenn ich die kurze Dauer meines Lebens betrachte, verschlungen in die Ewigkeit, die vor mir war und die nach mir kommt, den kleinen Raum, den ich ausfülle und selbst jenen, den ich schaue, der versinkt in der grenzenlosen Weite der Räume, von denen ich nichts weiß und die von mir nichts wissen, dann erschrecke ich und wundere mich, dass ich mich eher hier als dort [draußen] sehe, denn es gibt keinen Grund, weshalb ich hier bin und nicht dort, warum ich jetzt (da bin) und nicht damals. Wer hat mich hierhin gestellt? (Pensées fr 205)

Wer heute etwa ein Planetarium besucht, sich die endlosen Räume und Weiten des Weltalls erklären und mittels Hintergrundaufnahmen eine Ahnung davon geben lässt, wer dann noch erfährt, dass unsere Sonne mit ihren acht Planeten und uns Erdbewohnern in einem Randbezirk jenes Spiralnebels lokalisiert ist, den wir die „Milchstraße/Galaxis" nennen: eine recht gewöhnliche Sonne unter Milliarden anderer; dass wir mit hoher Geschwindigkeit wie in einem gigantischen Karussell um das Zentrum der Milchstraße gedreht werden, dem mag davon schwindlig werden und sich die Frage aufdrängen, warum und wozu er, sie, wir, diese Winzlinge, überhaupt da sind und was ihr kurzatmiges Leben für einen Sinn habe. Es mag die Befürchtung hochkommen, wir Menschen seien auf unserem Planeten womöglich etwas Ähnliches wie das grüne Blatt, das im Frühjahr aufblüht, im Herbst aber gelbbraun wird und von den Bäumen fällt.

In solchen Gedanken, Gefühlen mitsamt der Angst, verloren zu gehen in einem unendlichen, langsam zerfallenden "Nichts", erfahren wir *das Geistige, Reflektierende in uns.*

Geist – so erkannten schon frühe Denker (*Aristoteles,Thomas von Aquin*) – bedeutet: das Universum "vom Urknall zum Zerfall" (*H. Fritzsch*) zum Gegenüber haben (*vis-à-vis de l`univers*).[4]

Für Menschen als geistbegabte Wesen entsteht nun die Frage: da wir heute so überaus eindringlich von der Grenzenlosigkeit des Universums wissen, Symbol quasi der Unendlichkeit in Raum und Zeit - wir uns also diesem Grenzenlosen *gegenüber* wissen –, ist dieses grenzenlose Gegenüber die unpersönlich-personlose *Leere*? Ein *Nichts*, endloses, spukendes *Nichts*, das sich vor uns auftut? Sind wir so etwas wie „Gesellschafter des Nichts" (wie *Bertolt Brecht* argwöhnte)? Oder ist diese unendlich scheinende Leere, die grenzenlose Weite vor uns, hinter uns so etwas wie Mantel oder Saum der verborgenen Herrlichkeit *Gottes*?

Jeder Physiker oder Astronom wird sagen, er wisse es nicht, es sei keine wissenschaftlich beantwortbare Frage, weil für derartige Fragen seine Instrumente nicht taugen.

Die Unbeantwortbarkeit dieser Frage – leben wir Menschen vor einer unendlichen Leere, dem Nichts? Oder etwa vor einem nicht weniger unfass-

---

[4] Vgl. dazu u.a. *J. Pieper*, Wahrheit der Dinge (München ³ 1957), 92ff. Recht u. Grenze dieser Sicht markieren etwa *M. Scheler*, Die Stellung des Menschen im Kosmos (München 1947), 46-51; *M. Landmann*, Philos. Anthropologie (Berlin 1975), 86-102 u.ö.

baren Unendlichen – GOTT? –, unbeantwortbar auch mit höchstentwickelten Instrumenten, diese Verlegenheit selbst der gepriesenen Wissenschaft macht oder nährt Angst.

Ein unfassbares, weil unendlich anzusehendes, undurchdringlich erscheinendes Gegenüber von ´Nichts` erzeugt Angst.

Wenn vor uns, uns gegenüber *Nichts* wäre und *Nichts* sozusagen unser *Spiegel*, dann wären *wir* ja ebenfalls – *Nichts*!

Vor Nichts gestellt; zu nichts bestimmt, wenig mehr als Schaum auf Brandungswellen.

Hier reagieren nun nicht wenige Menschen und sagen: mit dieser Art Fragen befasse ich mich nicht, da wird einem bloß schwindlig!

Wer Schwindel fühlt, sucht Halt. Wer von einem Turm, einer hohen Klippe herab blickend Schwindel fühlt, hält das Geländer fest, stemmt die Beine auf die Erde, tritt einen Schritt zurück: nun bin ich sicher, fühle Boden!, schätze, was ich habe, sagen jene, denen das Leben unübersichtlich vorkommt.

An einer deutschen Höheren Schule war ein halb-wüchsiger, hochintelligenter Schüler zum "Problem-fall" geraten: seine Versetzung wegen unerklärlich schwacher Leistungen gefährdet. Bemühungen, eine plausible Erklärung für den Leistungsabfall zu finden, schlugen fehl. Befragt, wie er selbst seine ungenügenden Leistungen erkläre, gestand der junge Mann, er finde im Leben keinen Sinn, sehe also nicht ein, wozu er sich anstrengen solle. Seine Lehrer mögen ihm doch erklären, wofür man lebe und etwas leisten solle.

"Der spinnt"! entfuhr es halblaut dem Mathematiklehrer. Der Direktor erwiderte erregt, den Sinn des Lebens könne man ihm nicht erklären, doch habe der junge Mann "wie wir alle" in der Gesellschaft seine "Pflicht" zu erfüllen. Da er sich weigere, werde er nicht versetzt!

Der junge Mann hatte unvermutet die sorgsam gehütete Leerstelle seiner Lehrer aufgedeckt: Hat die ganze Anstrengung, hat das Leben überhaupt einen Sinn?

Eine offene Frage, welche die Lehrer sorgfältig als unbeantwortbar, absurd und *Angst* erregend gehütet, vor sich selbst verborgen hatten. Ungehalten ob der Bloßstellung durch den Jungen entzogen sie sich jeder Diskussion, ließen den Jungen abblitzen und "sitzen".

Biblisch gewendet, merkten die Lehrer, dass sie "nackt" waren, und bedeckten ihre Scham mit dem "Kleid" rigoroser "Pflicht"-Forderung (s. Gen 3,7) und der Abfertigung des "pflicht"-vergessenen Jugendlichen.[5]

Zumal Gebildete neigen einem bildlichen Fazit zu, wie es *Bertrand Russell* einmal zog:

Wir erblicken rings um unser kleines Floß, erhellt vom flackernden Licht menschlicher Kameradschaft, den dunklen Ozean, auf dessen rollenden Wogen wir für eine kurze Stunde umhertreiben. Aus der großen Nacht im Weltall fällt ein kalter Windhauch in unser Refugium. Die ganze Einsamkeit des Menschseins inmitten feindlicher Gewalten erfasst die einzelne Seele, die mit all dem Mute, der ihr zu Gebote steht, allein gegen das ganze Gewicht eines Universums kämpfen muss, das gleichgültig bleibt gegen ihre Hoffnungen und Ängste.

Dieses Grundgefühl teilen nicht wenige, denen der auf dem Wasser einhergehende Jesus wie auch sein Zuruf als bloßes Gespenst erscheinen (vgl. Mk 6, 45-52 Par).

„Fest stehen im Glauben" halten sie für Nonsens, da ja, sagen sie, wer glaubt, gerade keinen festen Boden unter den Füßen habe.

Glaubende seien ebenfalls "Floßfahrer", die es sich bloß nicht eingestünden.

---

[5] Aus Sicht von *Sören Kierkegaards "Der Begriff Angst"* und formal bilanziert brach hier *im Augenblick* das Ewige durch in die Zeit, doch die Angst ließ den Geist, die Geister nach Halt suchen am allzu Irdischen.

„Ich halte mich an das, was ich sehen, greifen und beweisen kann", äußern viele, für die schon ein Bild wie "Leben als Floßfahrt" unheimlich ist.

Wenn es so ist, sagen die Leute, und wir am Ende schon in ein "schwarzes Loch" stürzen, „lasst uns essen und trinken, denn morgen sind wir tot" (Jes 22,13; 1Kor 15, 32).

Man müsse aus Leben und Welt möglichst viel „herausholen". Zwar mache „Geld allein nicht glücklich" in einer vergänglichen Welt, „aber es beruhigt" (bis zur Grabesruhe).

Man sieht, wie elementare *Angst,* den Boden unter den Füßen zu verlieren, Menschen am Glauben *hindert.* Gegen Angst vor dem Sturz in Nichts suchen sie *Sicherheit.*

Doch *was* ist sicher, *was* gibt Sicherheit? Erneut erwidern viele: Sicherheit gibt, was man sehen, greifen kann; was man *hat*: "Wer hat, der hat!"

In Vergänglichem Sicherheit suchen, sich sicher glauben nennt die Bibel Illusion, Fehl-Glaube, der Menschen Geborgenheit verheißt in Geschaffenem statt in dessen Schöpfer.[6]

Diesem Denken stellt Jesus die Erzählung vom reichen Getreidebauern entgegen, der eine reiche

---

[6] Vergleichbare Überlegungen bei *E. Drewermann*, in: *Drewermann/ Biser*, Welches Credo? (Freiburg/Br. 1993),107

Ernte einbrachte: Er vergrößert seine Scheunen, bringt die satte Ernte unter und fühlt sich nun gesichert mit Vorrat "für viele Jahre". Er hat ja, sagen die Leute, "Glück" gehabt, „sich ´was gekrallt", legt den Gewinn smart und weitsichtig an.

Doch macht der unversehens eintreffende *Tod* dem Bauern den Strich durch die Versicherungs-Rechnung (Lk 12,13-21). Eine *rechte* Angst wäre gewesen, ihn mit-zu-bedenken.

Jesus lenkt die Aufmerksamkeit auf den grundsätzlichen Denk- und Vertrauensfehler:

„Vorrat für viele Jahre" ist keine *Grund*sicherung auf Lebenszeit, da der Tod, etwa als Risiko plötzlichen Sterbens (Herzinfarkt, Schlaganfall, Unfall, Krieg usw), Teil des Lebens, *Bestandteil der Schöpfung* ist.

Gegen täuschende, weil zuletzt versagende Sicherheit ruft Jesus dazu auf, eine Sicherheit zu suchen, die im Tod *nicht* ähnlich zu Staub zerfällt, sondern standhält.

Aber wo, worin wäre eine dem Tod überlegene Sicherheit zu finden?

Wenn Menschen offene Wesen sind, Wesen mit Öffnung ins Grenzenlose (Geist), und wenn das unbegrenzt Offene ängstigt, da es aussieht wie endlose Leere, pures Nichts, erfasst sie leicht ein

Schwindel, wie vor dem verschwimmenden Horizont des Meeres.

In der Tat hört man Leute sagen: je älter wir werden, desto mehr entgleitet uns die Welt und mit ihr das Leben: ergattert haben wir ein Stückchen Leben, aber Krankheit und Tod nehmen es uns wieder weg.

Wir vergängliche Wesen, welche die Welt, deren *am Ende trügerische* Lebensverheißung durchschauen, stehen *gleichzeitig* vor dem Nichts!

Das Nichts durchdringt uns wie Ebbe und Flut, uns persönlich: wir erleben uns labil, unsere Persönlichkeit gebrochen, selbst unsere Entscheidungen, unsere Haltungen wanken, sind brüchig. Wir können keine dauerhafte Garantie übernehmen für uns selber, unsere Entschlüsse, unsere Treue, unsere Sittlichkeit - so wenig es andere können, auf die wir setzten.[7]

Viele Zeitgenossen macht die Einsicht in die Begrenztheit von Dingen und Menschen, der "Realismus" also, einsam, resignativ.

Die Einsamkeit vertieft sich noch, wo man Eigenschaften wie Treue, Verlässlichkeit, Einheit mit sich selbst wie selbstverständlich-sorglos auf Gott, Schöpfer und Erlöser, überträgt, ausweitet. Verbietet unsere Lebenserfahrung uns (unter Strafe von Enttäuschung, Leiden) denn nicht, sich ohne

---

[7] *Eugen Biser* in *Drewermann-Biser*, Welches Credo?, 103ff

Vorbehalt, schutzlos auf jemanden anderen zu verlassen?

Werden menschliche Eigenschaften, an denen *wir* unsere Gebrochenheit erleben, von Gläubigen auf Gott ´übertragen`, ist für Lebenserfahrene zumeist "Flucht angesagt" ...

Christen sagen *mehr*, ohne dieses "Mehr" beweisen zu können; ohne mehr zu können als *bezeugen*.

Sie bezeugen zunächst, dass aus dem Unendlichen uns nicht bloß ein frösteln machender Wind anweht, sondern zuzeiten auch ein *warmer* Hauch, der Menschen anrührt, die, in ihrer Irritation, oft nahe daran sind, vor der oft dunklen Welt, dem Wechsel von Wachsen und Vergehen, wie die Natur sie unaufhörlich produziert, an Sinn und Wert ihres Menschseins, ihrer Identität zu zweifeln: als wären sie bloße Strohfeuer der Natur.

Doch dringt aus dem Dunkel, aus einem für die Augen der Angst grenzenlos gefräßigen ´Schwarzen Loch` ein tröstendes Wort:

Schaut auf das Gras, auf die Feldlilien, die heute aufblühen und morgen verbrannt werden – wie überaus schön sie gekleidet sind! Und die Vögel, die nicht säen und nicht ernten, die Spatzen, die auf dem Markt nur ein paar Cents wert sind – für ihr Auskommen ist gesorgt, und keines dieser Vögelchen fällt zur Erde „ohne euren Vater"! Darum „fürchtet euch nicht! Ihr seid kostbarer als viele Spatzen!" (Mt 6,26ff; 10,29ff)

All diese Blumen, Vögel: lassen sie nicht *Schönheit, Güte*, eine unversiegliche *Liebe zum Leben* ahnen, wahrnehmen und kosten? Wollen sie nicht jedes Aufhören, Verwelken, Verdorren *kontern,* zu Freude und Vertrauen locken?

Darin Halt finden zu können gäbe ungeahnte Sicherheit, Geborgenheit in Not und Tod.

Nur – wie bekommen wir einen Zugang hierzu?

Die Stimme, die mit solch tröstendem, Vertrauen wecken wollendem Wort aus dem Nichts in unser enges, zeitweilig düsteres Dasein dringt, diese Stimme und ihre Rede – erklärt Jesus – kommen von *Gott.*

Ihm verdankt ihr diesen Zuspruch mitten hinein in euer geängstetes Dasein!

Jedoch nennt Jesus – im Anschluss an die Geschichte vom Getreidebauern – eine Bedingung: Diese Sicherheit gehört euch, wenn ihr reich werdet „auf Gott hin"/ „in Bezug auf Gott" (griech. ελπὶς θεὸν πλουτῶν - Lk 12,21).

Viele sagen, das verstünden sie nicht. Wie könnten arme, kurzlebige Menschlein reich "vor Gott" werden (so die Einheitsübersetzung)?! Wie könnten wir Gott etwas vorweisen, was Er nicht schon hätte?

Sollten wir Opfer bringen nach alter Vätersitte? So hat das Denken in Verdiensten lange Zeit gemeint.

Doch Jesus meint etwas anderes. Gott weiß ja, dass wir Menschen von uns aus arm sind – arm und arm dran.

Deshalb dreht die Jesus-Botschaft die Sache um: *Gott selbst* engagiert sich, bringt den *eigenen* Reichtum ins Spiel.

Ein Hymnus, den *Paulus* zitiert, macht es deutlich: *Da ist die Rede von einem, der reich ist an allem, was zu Gott gehört, der alles hat, was Gott eigen ist, es aber hergibt, es loslässt, verschenkt:*

Er, der in Gott-Gestalt existiert,

hielt das Gott-gleich-sein

nicht fest wie eine Beute,

sondern machte sich leer,

nahm Knechtsgestalt an

und wurde den Menschen ähnlich (Phil 2,6f)

Dieses Preislied über „Christus Jesus" zitiert *Paulus*. Es macht anschaulich, dass hier einer handelt aus einer für "Normalos" unbegreiflichen Sicherheit heraus, einer göttlichen Sicherheit, die ihn frei macht, sich zu lösen von dem, was er hat:

er presste das Gottgleichsein nicht (triumphierend) *wie etwas Erbeutetes, ein „gefundenes Fressen" an seine Brust* (mit dem Rat: jetzt könnt ihr Dummköpfe sehen, wo ihr bleibt!), er „krallte sich" also nicht das Gott-gleich-sein, *sondern entäußerte sich dessen*, um das göttliche Leben mit den Sterblichen zu teilen – *darum hat Gott ihn ´übererhöht` und ihm den Namen über jeden Namen hinaus verliehen: JESUS* (hebr *j°schu´ah* = Heil, Hilfe).

Dies ist das Gegen-Modell.

Von hier versteht man auch, was Jesus meint mit dem „Reich-sein auf Gott hin".

Jesus sagt das Gleichnis vom reichen Bauern als *Antwort* auf die Bitte eines unbekannten Mannes, Jesus möge den Erbstreit zwischen ihm und seinem Bruder schlichten, ein Ansinnen, das Jesus sofort ablehnt. Er schickt die Warnung hinterher, die Menschen sollten sich hüten vor Habgier ($\pi\lambda\varepsilon o\nu\varepsilon\xi\iota\alpha$). Leben bestehe nicht im Überfluss an Habe (Lk 12,13ff).

Darauf folgt die Erzählung vom Bauern. Er ist ein Exemplar der Habgier: er presst die reiche Ernte, die ihm zufiel, wie eine Beute triumphierend an sich: jetzt scheint ihm *sein* Leben *gesichert*; wo die anderen bleiben, darauf verschwendet er keinen Gedanken.

Jesus selbst ist der *Anti-Typ* zu solch einem Menschen und dessen Einstellung.

Das besingt, bei *Paulus,* jenes Preislied auf den Gottgleichen, der seine göttliche Habe nicht wie ein Raubtier sein Beutestück zwischen die Zähne packt und in Sicherheit bringt vor anderen Mäulern, der vielmehr sich seiner göttlichen Habe entäußert und unter Menschen geht, um seinen Reichtum mit ihnen zu teilen.

Deshalb kritisiert er die Einstellung des Kornbauern, der nur *für sich selbst* Schätze sammelt (griech. ὁ θησαυρίζων ἑαυτῷ).

Sie ist kein Leben in Offenheit, in Öffnung für andere, letztlich für Gott, vielmehr ein Leben der Selbst-Verschließung – aus ´Sicherheits-Denken`: tief sitzendes Misstrauen gegen andere, den Schöpfer, Angst um sich selbst und das eigene kleine Stück Leben.

Misstrauen gegen andere? So fühlen wir, wenn uns die Welt wie eine Wildnis erscheint. Dann schnurren in unserer Vorstellung die anderen Menschen zusammen zu Fressfeinden und tragen nur noch das Profil von Rivalen, gar Feinden.

Misstrauen regt sich auch gegen Gott, wo und wenn abseits, jenseits von Jesus Christus Gott *nur Name* ist, Name für eine unbekannt-dunkle Welt-Macht,

Strippenzieher-Macht, für einen unangreifbar mächtigen Rivalen, Inquisitor, der "mich mir nicht gönnt" ...

Friedrich Nietzsche skizziert einmal ein Gottes-Bild dieser Art:

Unnennbarer! Verhüllter, Entsetzlicher!

Du Jäger hinter Wolken!

Darniedergeblitzt von dir,

du höhnisch Auge, das mich aus Dunklem anblickt!

So liege ich,

biege mich, winde mich, gequält

von allen ewigen Martern,

getroffen

von dir, grausamster Jäger,

du unbekannter – Gott ...

(aus: Klage der Ariadne)

Ein Echo davon gibt *Jean Paul Sartre*, der schon als Kind sich vom allgegenwärtigen Gott abwandte im

Gefühl, vor Gott "grauenhaft sichtbar, eine lebendige Zielscheibe" zu sein.[8]

Beide Schriftsteller haben einen – ihnen vielleicht unbekannten – Vorgänger in *Hiob,* den *biblischen* Rebellen gegen Gott:

Wann wirst du endlich deine Blicke von mir abwenden, mir Ruhe gönnen, während ich meinen Speichel schlucke? Habe ich gesündigt, was habe ich dir geschadet, du Menschenbeobachter?" (Ijob 7,19-20).[9]

Viele – auch junge – Menschen haben offen oder heimlich Angst vor "Gott".

Vor einem "Gott", der sie, wie sie insgeheim fürchten, schon zu Lebzeiten, schon in jungen Jahren ignoriert, weggestoßen, aussortiert habe, ihnen nicht wohl wolle, sie wiederhölt in üble Erfahrungen stoße oder scheitern lasse (etwa im Versuch, eine Beziehung aufzubauen oder zu retten), der sie behandle wie ein ungewolltes oder missratenes Kind.

Nicht wenige Erwachsene leben vor Gott in dem wie selbstverständlichen Gefühl von Kindern: nur wenn

---

[8] In: Die Wörter (dt. Reinbek 1965), 78

[9] Diskutiert bei *G.Bachl*, Aufhellung der Unheimlichkeit - Die Gottesangst, in: *R. Walter* (Hg), Lebenskraft Angst - Wandlung und Befreiung (Freiburg-Basel-Wien 1987)

sie gewisse Eigenschaften mitbrächten oder profitable Vorzüge anbieten könnten, würden sie akzeptiert, womöglich geliebt. Kommt es zu Streit, Spaltung, Trennung, fragen sie sich, was sie anstellen müssten, um ´von oben` wieder geliebt, für liebenswert gehalten zu werden. Sie nehmen an, sie würden für bestimmte Eigenschaften oder Leistungen geliebt, abgelehnt oder ignoriert.

Mit solch beständiger Sorge behält die Welt für sie das Format eines Kinderzimmers mit dessen Regeln und Erfahrungen, wobei sie den dort erlittenen Schmerz und Frust unwillkürlich auch auf die Welt und deren ´Vorstand` übertragen.

Fühlen sie sich verkannt, in einer ihnen wichtigen Sache gescheitert, meldet sich die Angst zweifach: sie gilt Mitmenschen, die ihnen „böse" sind oder waren, wie auch Gott.

Weshalb aber – noch einmal – sind wir dermaßen tangiert, ja gefährdet?

GLAUBE UND ZUKUNFT

Wir leben, wie wir wissen, unser Leben vor einem offenen Horizont, dem Unendlichen und gewahren darin unsere Freiheit.

Wären wir vorprogrammiert wie die meisten Tiere, wären wir festgelegt auf eine bestimmte Bahn, Schiene, ein Lebens- und Verhaltensmuster.

Gestellt aber vor einen unbegrenzten Horizont, bietet sich uns das Leben zunächst dar, wie ein Philosoph es vor langer Zeit einmal begeistert formulierte:

Leben ist ... der Inbegriff dessen, was wir sein können, mögliches Leben; aber es ist auch Wahl unter den Möglichkeiten, Entscheidung für das, was wir tatsächlich werden ... Wunderbare Verfassung unseres Lebens, das zur Freiheit bestimmt ist, zur Entscheidung darüber, was es in dieser Welt sein wird! [10]

So fühlen viele junge Erwachsene, den Zügeln entronnen, bevor die Schwerkraft der Erde sie wieder einfängt und bindet.

---

[10] *J. Ortega y Gasset,* Der Aufstand der Massen (dt. Hamburg 1968),33. Problemfreie Sätze aus den 1930er Jahren wurden durch die in den 2. Weltkrieg führenden Erfahrungen mit den NS- u. Sowjet-Systemen fragwürdig und ergänzungsbedürftig.

Dann empfinden viele - junge, alte - Menschen die Freiheit der Wahl nicht als wunderbar, sondern oft als Last.

Zwar habe ich – als Bürger, Bürgerin eines hochentwickelten Landes – zumeist die Wahl, welchen Lebensweg ich wähle. Indem ich aber eine von zwei oder mehr Möglichkeiten wähle, wähle ich ja die anderen Möglichkeiten *ab*. Habe ich gewählt und gehe *diesen* Weg statt des anderen, sind (nach kurzer Zeit) für mich die anderen Möglichkeiten gestorben; kann ich – wegen der weiterlaufenden Zeit, dem Gang der Dinge – nicht mehr zurück, die einmal getroffene Wahl nicht revidieren. Der Augenblick der Wahl (mit deren Konstellation) ist nicht wiederholbar, diese selbst nur in seltenen Fällen, durch einen *Bruch*, revidierbar. Ich wähle meinen Weg im Wissen: er ist ein unübersichtliches, nur unter Schmerzen revidierbares Abenteuer, und hoffe, dass es gut geht, gut ausgeht.

Auf die Länge der Zeit kommt es jedoch auf dem gewählten Weg nicht nur zu Erfolgen und reicher Ernte, sondern auch zu Schwierigkeiten, Problemen, vielleicht zu Katastrophen mit ´heulendem Elend`:

Hätte ich doch (nicht) ...; ich habe alles falsch gemacht; falsch gewählt, jetzt muss ich es büßen; Gott grollt mir, weil ich damals diese statt jene Wahl getroffen habe; ich fürchte, ich habe nicht richtig geglaubt, nicht genügend vertraut / "gehorcht": drum werde ich gestraft, muss es büßen; bin darum krank geworden, habe mein Leben verpfuscht ... und so fort.

Überraschend viele Menschen glauben, hinderliche "Mächte und Gewalten", böse Schicksale auf dem Lebensweg seien Strafe für – ? Für die frühere Wahl, die Lebensweise. Die über dem Weg hängende Düsternis sei ein Liebesentzug Gottes, Probe seines Zornes.

Die Angst der Menschen davor, unbejaht, ungeliebt durchs Leben gehen zu müssen, ist (obschon oft geleugnet) real, bezieht sich auf das Ganze des Daseins und deutet auf eine fremde Macht, die hinter dem Lebensgang verspürt, jedenfalls vermutet wird. Immer wieder sind Menschen auf der Suche nach etwas, das sie falsch gemacht hatten, oder nach dem, was sie tun, was sie leisten, vorweisen müssten, um Gott oder "das Schicksal" geneigter, wohlwollender zu stimmen, damit er, es ihnen etwas Glück im Leben gönne.

Das Programm der europäischen Aufklärung, Menschen zu rationalem, *mündigem Urteil* zu befähigen, konnte und kann nur begrenzten Erfolg haben, da Menschen für ihre Selbsterhaltung tiefer angelegt sind als nur rational.

Grundangst der erwähnten Art ist in vielen Lebensgeschichten, inklusive Beichtgesprächen vorhanden. Die Grundangst in Jung und Alt macht es ihnen oft schwer, zu Gott ein gesundes Verhältnis zu finden.

Wird die politisch-ökonomische Weltsituation zusätzlich als drückend und verunsichernd empfunden, steigert sich die Angst ins kaum Erträgliche: der Schöpfer überlässt uns dem Unglück, dem Untergang, lässt mich, uns zusammen mit den Schuldigen verderben.

Gefühle des Verlassen-, ja Verstoßenseins von Gott zeigen sich als unheimliche Variante von Angst und Leid vieler Menschen, von Angehörigen, Freund *innen, Nachbarn, Weggenossen verlassen zu werden: weil der Kontakt ausgelaugt ist, "nichts mehr bringt" ...

Den Rat manch "moderner" Menschen an von Gottes-Angst gepeinigte Gläubige, es wie sie zu machen, an diesen Gott nicht mehr zu glauben, verrät näheres Zusehen als billig.

Es kann ja keine Rede davon sein, dass nichtglaubende Menschen weniger Daseins- und Zukunftsangst hätten.

Ein Leben lang müssen "aufgeklärte" Menschen ihre Nachbarschaft zum "Nichts" (wie zum Tod, dessen Abbild) aushalten: die Einsicht in die eigene

Zufälligkeit und Unbedeutendheit, verglichen mit Dimensionen, Proportionen, Monster-Zahlen und Prognosen für die Welt, für das Weltall.

Ihre fernste Zukunft könnte jenes „schwarzen Loch" sein, das sich (nach neuen Erkenntnissen) im Innern unserer Heimatgalaxie („Milchstraße") befindet.

Anderen genügt das Wissen, nur ein Ich von rund 8 Milliarden Menschen zu sein, um sich ausgesetzt, verlassen zu fühlen: sie können und wollen sich nicht vorstellen, für irgendeine Autorität, und sei sie Gott, wichtig, wichtig *genug* für deren Aufmerksamkeit zu sein.

Da auch Christen bewusst, halbbewusst und unbewusst Angst haben vor Gott, stellt sich die Frage, ob *Glaube* von jeher mit Angst verbunden ist oder ob er, im Gegenteil, der in Menschen immer wieder aufsteigenden Angst abhelfen kann und soll?

Halten wir uns an das *Neue Testament*, wird uns vermeldet, dass Jesus ein *euanggélion,* eine gute oder frohe Botschaft zu künden hat. Schon das Wort *Evangelium* lässt vermuten, dass die *Frohe* Botschaft *gegen* Angst gerichtet ist und sein will.

Als dem Evangelium Glaubende haben Christen die Gewissheit, dass Gott selbst an der "Aufhellung seiner Unheimlichkeit" *(Gottfried Bachl),* so auch an der davon beeindruckten Angst der Menschen arbeitet.

Die Theologie nennt diese Arbeit *Offenbarung*, Offenlegung seines Heils-Willens bis zu Gottes Teilnahme an der Kontingenz und Mortalität der Geschöpfe in Jesus, dem "Menschensohn".

Im Maß, wie die Menschen auf Gottes Entgegenkommen eingehen, werden sie fähig, an ihrer Angst (Angst, allein zu sein, dem *Nichts* ausgeliefert) zu arbeiten

Dazu helfen die Zeugnisse der Bibel.

Lassen wir uns nochmals auf einen sprachlichen Befund ein: *Furcht* und *Angst*.

Anders als die Alltagssprache unterscheidet die Bibel *Angst* (*zar, pachad, chalchalah*) und *Furcht* (*jir ´āh*).

Angst ist unbestimmt: jemand *hat* Angst. Kommt konkret Bedrohliches (Objekt, Person) hinzu, wird Angst zu *Furcht*: wir fürchten etwas (zB Krankheit, Unfall) oder jemanden (zB Verräter, Verbrecher, "unberechenbare" Menschen), vielleicht Gott.

Die Bibel bezieht die Furcht primär auf *Gott*. Da Gottesbegegnung nie "normal" ist, vielmehr jede Normalität durchbricht, erzeugt sie bei Menschen als erstes Furcht (Ex 3,6; Ex 20,18ff; Jes 6,5). Gott ist zu fürchten; ja, Gott erwartet von Israel Gottes-Furcht (zB Jes 29,13). Denn Gott ist groß, mächtig, furchtbar (Dtn 10,17f; 1Chr 16, 25.34f).

Zugleich ist Gott Menschen huldvoll zugewandt (Dtn 6,5.13). Daher die häufige Anrede an Empfänger seiner Botschaft: „Fürchte(t) dich (euch) nicht!" (Gen 15,1; Ri 6,23; Jes 44,2; u.ö.; Mk 5,36; 6,50; Mt 1,20; 10,31; 28,5.10; Lk 1,13. 30; 2,10; 5,10; Joh 12,15;14,27 u.ö.).

Gottes Huld und Zuwendung heben den Ernst seines An-spruchs nicht auf, seinen Ruf zu unbedingtem Hören (Gehorsam) auf seine *Lebens-weisung*, deren Echo ein reifes Gewissen ist.

Gottes-Furcht in der Bibel meint, was das Wort *Ehr-Furcht* bezeichnet.

Menschen, die (häufig in der Moderne) keine Furcht erregenden Erfahrungen des *Heiligen*, *Geheiligten*, Unantastbaren machen, neigen zu Dreistigkeit, Übermut, vergreifen sich. Ehr-Furcht gegenüber Gott (Gottes-Furcht) meint in der Bibel aber weniger ein furchtsames Gefühl als vielmehr die respekt-volle, praktische Treue des Volkes zu Gott, seinem Bundesherrn. Wo immer Israel die Gebote hält, Gottes Lebensweisung (torāh) respektiert und praktiziert, ist Israel *gottesfürchtig*.

Israel *glaubt an Gott, wo es in heiliger Scheu die Torah, die Wegweisung der Gebote als Gesetz der Welt und Gesetz von Leben und Tod erkennt und anerkennt* (Dtn 30,15. 19).

Israels Weisheit kann formulieren: Furcht vor JHWH sei Anfang der Erkenntnis der Weisheit (Spr 1,7: יִרְאַת יְהוָה רֵאשִׁית דָּעַת חָכְמָה) *oder* Furcht JHWH`s sei Quelle von Leben (Spr 14,27: יִרְאַת יְהוָה מְקוֹר חַיִּים)

Israel bezeugt in solchen Versen: wir machen mit unserem Gott wesentlich *mehr* als eine Angst erregende, ´fürchterliche` Erfahrung: *Gottesfurcht führt zu Erkenntnis und Weisheit, ja Leben!*

Jene, die sich auf Gott einlassen, erwartet aller Angst und Furcht zum Trotz kein tödlicher Sturz ins Bodenlose.

Dafür stehen exemplarisch Gestalt und Geschick *Abrahams.*

Sie werden deutlich im Kontrast.

Vor einiger Zeit erschien ein Buch mit dem Titel *Egoisten-Bibel.* Sie sei modernen Epikureern gewidmet, heißt es: all jenen, die „sich keiner Religion verschrieben haben". Es will anleiten, das Leben buchstäblich rücksichts*los* in die Hand zu nehmen. Jeder Mensch sei selbst der Mittelpunkt seines Lebens, solle ungeniert bestimmen, was für ihn richtig ist, was falsch, und was ihm hilft, das eigene Leben unabhängig und erfreulich zu führen. Verantwortlich sei man nur vor sich selbst. Der Sinn des Lebens liege darin, aus eigener Kraft frei und glücklich zu sein. Darum solle man sich auch über den Tod nicht grämen, sondern – wenn es soweit ist – das Leben einfach abgeben: reuelos, furchtlos.

Der Autor deutet nur an, dass er sich die Frage nach Warum und Wozu seines Daseins gestellt hat. Indirekt räumt er ein, dass er keine Antwort erhielt oder die erhaltene ihm nicht gefiel. So entschied er, sein Dasein exklusiv ich-zentriert zu deuten und zu leben. Was andere tun oder leiden, sei deren Sache. Sein Ego ist Dach und Grenze seiner Welt.

Die *Bibel* wirbt mit einer *Alternative.*

Abraham, die Urgestalt, hört auf Gott, hört auf *den Herrn über Leben und Tod,* der ihm zumutet, Land, Sippe, Haus und Hof zu verlassen und in das Land zu gehen, „das ich dir zeigen werde" (Gen 12,1).

Daran knüpft sich die Verheißung, Same eines großen Volkes zu werden, zudem Segen für „alle Geschlechter der Erde".

„Und er wanderte aus, ohne zu wissen, wohin ihn der Weg führte" (Hebr 11,8).

Es ist dieses Wagnis, der Absprung von sich selbst, den die Bibel *Glauben, Trauen* nennt.

Ein pragmatisch selbstbewusster Mensch wird sagen: Warum soll ich tun wie Abraham? Auf Gott hören (wer ist das überhaupt? Das *Über-Ich*?) ? Meine Wurzeln verlassen? Wegziehen vom Boden unter meinen Schuhen, den ich sehen, greifen, berechnen, kontrollieren kann? Mich auf etwas ganz Ungewisses einlassen, wo ich nicht weiß, ja wissen soll, wo es hinführt, wie es endet? Breche ich die Brücken hinter mir ab, ins Unbekannte hinein, was werde ich am Ende vorfinden? Vielleicht – nichts? Ein Phantom? Häme der anderen?

Wie kommt jemand auf so etwas, wie *Abraham* tat? Allen Warnungen zum Trotz den Auszug, die Auswanderung ins Dunkel-Unbekannte zu wagen?

Vielleicht, wenn ihm, ihr aufgeht, dass damit nicht etwas völlig Fremdes, Widersinniges zugemutet wird, vielmehr etwas, das im Ansatz schon vertraut ist.

Was die Bibel von Abraham erzählt, ist etwas, das im Prinzip zu unser aller Leben gehört. Ein Wesenszug in *jedem* Leben.

Zu jedem Leben gehört ja immer wieder der *Exodus*, der Auszug, mag er auch oft nicht geographische Auswanderung meinen.

Nicht selten, vielleicht wiederholt erfahren wir – jede(r) von uns – das Ausziehen-, Wegziehen-müssen gleichsam von einem Land, wo wir Wurzel gefasst, uns wohnlich eingerichtet haben, bildlich in ein neues, unbekanntes Land. Es gibt Zeiten, wo es uns wegzieht - oft wider Willen -, weg von quasi vertrauter Umgebung ins Unbekannte, auf eine über den Horizont führende Straße. Mehrmals im Leben verlassen wir eine vertraute, bequem gewordene Form (wie Kindheit, Jugend), brechen auf ins Unbekannte, wo uns (wie wir hoffen) eine andere, noch unklare Form, ein neues Land oder Haus, eine neue Stellung, Aufgabe, Berufung, Umgebung, Nachbarschaft erwarten: Um-, Neugestaltung der Existenz.

Jedes Mal mischt sich untergründig Angst ein, die Bewegungen des Auszugs begleitend – handle es sich um eine neue Lebensphase, Berufsfindung, eine andere Arbeitsstelle, eine neue Beziehung, um Familiengründung, einen Verlust, um Krankheit, Tod.

Wer Kinder hat, erlebt deren Auszug in unbekannte Zukünfte mit wie Phasen des eigenen Abgangs.

Hier will *das Modell Abraham* sagen: Nimm solche Veränderungen, Orts- und Formwechsel jeweils *als Ruf Gottes* an dich! Dass *ER* dich in all dem ruft und geleiten will. Dass ER dir neues Land, neuen, fruchtbaren Boden eröffnen will. Dass ER dein Vertrauen aufruft – IHM zu trauen, dass *ER selbst dein Boden* in und unter all dem ist und sein will.

Natürlich weißt du *Konkretes* nicht im voraus. Aber später, wenn du zurückschaust, wird es dir ins Auge fallen: du bist *als Ihm Trauender* einen vielleicht gewundenen, jedoch folgerichtigen Weg auf festem Grund gegangen!

Auf dem Weg freilich, *in der Bewegung* des Auszugs, *im* Prozess, wenn Probleme kommen, Angst aufrühren, da lauert Misstrauen. Es sagt: Nie und nimmer hättest du dich darauf einlassen sollen! Hättest auf der sicheren Seite bleiben sollen, dort, wo deine Hand, dein Fuß Halt gefunden hatte, statt Unsicheres, Risiken, Gefahren einzugehen!

Verdacht mag aufkommen: Ein Unstern, ein schlimmes Schicksal, ein böser Geist hat mich irregeführt!

Es ist ein Verdacht, den auch das wandernde Volk in der Wüste gegen Gott äußert: Nicht für unsere Rettung sind wir hierher geführt worden, sondern „um uns, unsere Söhne und unser Vieh verdursten" zu sehen (Ex 17,3ff).

"Vertrauen ist tödlich", sagen Enttäuschte, Verbitterte. Lieber Kontrolle!

Wenn sie nicht eine so kurze Reichweite hätte ....

Das ist die Anfechtung im Dunkel, beim Gang durch die Schlucht der Todesschatten.

Erfahrene Gläubige fügen hinzu: „Ich *fürchte nicht* Böses, denn *DU* bist mit mir" (Ps 23). Wer – trotz Angst – vertrauend sich hinauswagt ins Dunkle, Unbekannte, dem zeigt sich, dass ER *trägt,* dem er oder sie sich anvertraut; dass ER stärker ist, unter allen Nöten *tragend* zum Vorschein kommt.

Hier will der Gekreuzigte das unübertreffliche Hoffnungszeichen sein. Gott ist so unüberholbar treu, dass *er* alle Arten von Angst, Wankelmut, Treulosigkeit, ja abgründiger Bosheit, deren Menschen – wir alle – fähig sind, *auf sich nimmt*, von Menschen, die ihn in Jesus ans Kreuz schlagen und in den Abgrund des Todes stoßen.

Gott, den der Gekreuzigte mit gebrochenen Knochen bezeugt, ist in seiner *Treue* zu den Menschen *unbesiegbar* – dafür bürgen die Zeugnisse von Jesu Auferstehung.

Abrahamitisches Vertrauen braucht nicht nur der einzelne Mensch und Christ für sein persönliches Leben. Auch Gemeinden und Gruppen in der Kirche, die Entscheidungsträger in ihr, ja die Kirche insgesamt bedarf des wagenden Vertrauens auf Gott, sodass sie alle und jede(r) für sich, wie Abraham, zum Segen vieler Menschen, vieler Völker werden. Denn Abrahams Vertrauen entspringt dem *Mut*, größtmöglichem Mut. [11]

Abrahamitisch-mutiges Vertrauen brauchen endlich all jene Menschen und Gruppen in der Welt, die, jenseits von Kirchengrenzen (und von Toleranzgrenzen), sich auf den Weg machen für eine humanere, gerechtere, versöhntere Welt, für entsprechend gerechte, rücksichtsvolle, Frieden

---

[11] Vgl. dazu auch Kardinal *C.M. Martini*, in: Jerusalemer Nachtgespräche (Freiburg/Br. 2008), 50

fördernde Strukturen: selbstlos Engagierte, die der unvergessliche Erzbischof der Armen, *Dom Helder Câmara* von Recife (Brasilien), als „abrahamitische Minderheiten" bezeichnet.[12]

Veränderung der kleinen und großen Welt im Licht von Gottes Heilswille – darauf zielt der Heraus-Ruf Gottes an *Abraham* und seine ´Kinder`.

Wer jedoch das Egoisten-Konzept zum Lebensmodell nimmt, liefert sich – wie anders? – nagendem Misstrauen aus: allein, unbetreut, im Dunkel sich und seiner Angst überlassen.

Jenes Konzept ist zudem illusionär. Egoismus-Gläubige *mühen sich*, die human-ethische Anlage im Menschen zu ignorieren.

Auf sie und das biblische Ethos wies mit Schärfe *John Henry Newman* im 19. Jahrhundert.

Was das "Ego"-Konzept ignoriert, aber schon die antike *Ödipus*-Tragödie des *Sophokles* ins Licht rückt: der Mensch kann auf dem als Auszug begriffenen Lebensweg durch Misstrauen, Verfehlung, Schuldigwerden den Zorn der Götter bzw. den Zorn Gottes erregen, der ihm auferlegt, entlang seinem Weg die schlimmen *Folgen* (samt Angst) der von ihm (etwa mit Lug und Trug, Untreue, Verrat, Mord)

---

[12] H. Câmara, Die Wüste ist fruchtbar. Wegweisungen für die abrahamitischen Minderheiten (Graz 1972)

gestörten, verletzten Weltordnung auszuleiden, die auch unbeteiligte Menschen in Bedrängnis bringt.

Menschen tragen im Inneren ja ein (Ge-)*Wissen* um einen unsichtbaren, anrührend rufenden, in Pflicht nehmenden Souverän, der ihr Tun unmittelbar bejaht oder verneint (Schuld-Bewusstsein, das Täter dem Schöpfer *entfremdet*).

"Unser ganzes Schicksal ist häufig bestimmt durch Sünden unserer Jugendzeit, die, gedankenlos begangen, unbedeutend erschienen. Der Groll einer Stunde, eine plötzliche Versuchung, der man erlegen ist, kann einen Menschen gegen seinen Vorteil aus der Bahn seines Lebens werfen, in Schwierigkeiten bringen und seine Zukunftsaussichten ruinieren", schließlich "zum Verlust seines Glaubens" führen.[13]

Das gilt vom "erwachsenen", *reifen* Gewissen. Kindliches ´Gewissen` ist oft (nicht immer) eine Art "Über-Ich", das seine ethische Reifeform noch vor sich hat: jene ethische Schulung, welche die Bibel den Frauen und Männern der Jesus-Nachfolge nahelegt.

Das Leiden, inneres wie äußeres, das an Jesu Leben und Schicksal sichtbar wird, erinnert daran,

---

[13] *J.H. Newman*, Oxforder Universitätspredigten VI (dt. Mainz 1964). Dazu: *K.P.Fischer*, Schicksal in Theologie und Philosophie (Darmstadt 2008), 244-249

dass dieser Welt, in der wir uns tummeln, die wir gestalten, nicht nur eine naturgesetzliche, vielmehr auch eine sittlich-ethische Ordnung innewohnt, die man nicht ungestraft ignoriert, die sich *vor, bei* und *nach* unserem Reden und Handeln mit *Scham- und Angst*-Erregung zu schützen sucht.

Wer sensibel auf sein Gewissen hört, erlangt Hilfe, Frei-Spruch und Erlösung von Angst.

Glaube ist der vertrauende Aufbruch in Leben und Welt auf der Suche nach dem unsichtbaren Rufer und seinem "Ort" in Zeit und Geschichte.

DIE GEGENWÄRTIGE WELT –

UND DIE "AUGEN DES GLAUBENS"

"Es droht ein neues Barbarentum": so ist ein Beitrag betitelt, den laut Redaktion der im deutschen Exil lebende, russische Schriftsteller *Viktor Jerofejew* verfasste, um die Weltlage – zumal unter dem Eindruck des ins Spiel der Macht verliebten amerikanischen Präsidenten und angesichts der Schrecken des nun dreijährigen Krieges von Putins Russland gegen die Ukraine – zu kennzeichnen:[14]

Das erste Anzeichen für die Rückkehr in die neuzeitliche Barbarei war ... die bolschewistische Revolution von 1917. Das heißt nicht, dass das vorrevolutionäre Russland eine europäische Macht war. Dank Peter dem Großen öffnete es tatsächlich ein Fenster nach Europa, die Tür aber ist bis heute verriegelt. Dabei besaß Russland, bei aller Missgestalt seines Staatswesens, eine intellektuelle und künstlerische Kultur von Welt. Dank dieser Kultur hat Russland in vieler Hinsicht die Barbarei abgeschüttelt ... Doch die utopische Idee Lenins, eine lichte Zukunft in einem Land mit einer ignoranten Bevölkerung aufzubauen, wurde umgesetzt bei Verlust einer echten, auf Gerechtigkeitsgefühl basierenden Menschlichkeit. Wie auch immer sich die Beziehungen zwischen Putin und Trump gestalten mögen: dass sie auch die letzten Funken

---

[14] Neue Zürcher Zeitung (NZZ) vom 30.4.2025, Feuilleton S.7

Gerechtigkeit auslöschen werden, mit Politik wie mit Karten spielen, ihr Super-Ich preisen, über die Schwachen lachen – das ist sicher, das ist unsere Zukunft, jedenfalls die unmittelbar vor uns liegende. Und das Europa der Nationalisten spielt sich als Generalprobe desselben Orchesters vor unseren Augen ab ... Die Welt ist gerade erst im Begriff, in der neuen Barbarei zu versinken ... Da ist die Schlaflosigkeit, da sind Albträume, da ist schließlich auch die Hoffnung, dass Europa einen riesigen Koffer voller Kultur besitzt und dass wir uns einer neuen schrecklichen Welt der Barbarei noch widersetzen werden.

Der Autor hätte die massenhafte Tötung von Menschen im Nahost-Konflikt u.a. hinzufügen können: den Massentod in einem uralten Kulturland, dem drei Weltreligionen entstammen.

Indessen könnte der 80. Jahrestag des alliierten Sieges über die im europäischen Kernland, im Deutschen Reich, aller Jahrhunderte alten Kultur und Aufklärung zum Trotz aufgebrochene Tyrannei und Barbarei auch die Ahnung, ja die geschichtliche Erinnerung verstärken, dass selbst hohe Kulturen die Menschheit nicht auf Dauer gegen Barbarei immun machen. Hochkultivierte Gesellschaften und Staaten können mit der Zeit offenbar unter den Anforderungen ermüden, ihre neue Generationen die Gefahren unterschätzen, ja die Preisgabe hart errungener, humaner Werte als Befreiung, ja als "Recht" behaupten.

Die versucherische Schlange ist dort, wo Menschen leben, stets zur Stelle und lockt, Gut und Böse neu zu erkennen, neu zu buchstabieren (s. Gen 3,4).

So kommen in der Geschichte immer wieder Strömungen hoch, welche "Gutmenschentum", "Humanitätsduselei" oder "Weltverbesserertum" als naturwidrig, ja inhuman ablehnen und bekämpfen.

Derart aufbegehrende Strömungen wollen ein *Natur*-Recht der "haves" gegen die "have-nots" durchsetzen. Armut, Elend, früher Tod sind dann entweder schicksalhaft oder selbstverschuldet und verpflichten keineswegs zu Abhilfe, die "gegen die Naturordnung" wäre.

Strömungen, die das biblische Ethos als Unrecht bewerten, kommen nach Art der biblisch so genannten "Mächte und Gewalten" (Röm 8,38; Eph 1,21) immer wieder hoch. Aus ihrer Sicht war das Kreuzesschicksal Jesu eine erwartbare, gleichsam logische Strafe für seine therapeutische Aktivität und seine Forderung von Menschenliebe im Geist der Seligpreisungen, also für seine – wie sie behaupten – Verkennung des Menschen, seiner Natur *wie auch der realen Machtverhältnisse: die*

römische Supermacht und ihre Stützen in der ein-
heimischen Führungsclique (Joh 11,50).

Dass dies nicht das letzte Wort über Jesus und
seine Frohbotschaft war und ist, verdanken die
Jüngerinnen und Jünger bis heute nicht den Macht-
habern, Wortführern und Schlagzeilenproduzenten,
sondern einfachen, ungelehrten, aber nach innen
hörenden Menschen, welche unterhalb des Gepol-
ters der Wichtigtuer eine unglaublich zarte Botschaft
von einem Gekreuzigten, aber Lebenden unter die
Hörwilligen brachten, eine Lebensbotschaft, die –
realistisch gesehen – bis heute ein Geheimtipp und
Trost der vielen Ohnmächtigen und Machtlosen
geblieben oder es neu geworden ist.

Das Christentum ist und bleibt - realistisch bewertet
– eine *Subkultur*, mit der die Mächtigen in ihrer Gier,
ihrem Vertrauen auf Stärke und Ausschaltung
Widerstrebender nichts anfangen können, ja die sie
offen oder im Herzen verachten.

Die *Seligpreisungen* gelten den Verlassenen, Hilf-
losen, Schwachen, dennoch im Innersten Aufge-
schlossenen.

Ein schon früher (S.49ff) zitiertes Loblied auf
Christus, vom Apostel *Paulus* überliefert, stellt klar:
Sieger in Gottes Augen ist der sich seiner Stärke
entäußernde, das Schicksal seiner Mitmenschen
teilende, eben so ihre Not mit-fühlende und sich um

sie bekümmernde Mit-Mensch, der kein Aufsehen erregt – anders als das übliche Getöse aller Tage, welches Leid und Schmerzen so vieler Geschlagener überdröhnt.

Das von *Paulus* zitierte Lied betont die "kénôsis", die *Entäußerung* des Gottgleichen in eine knechtliche Art und Weise des Seins und Wirkens.

Diese bringt es mit sich, dass deren göttliche Herkunft und Art dem gewöhnlichen Blick verborgen bleiben, sich aber Menschen öffnen, die in den Nöten von Alltag und Zeit sich ansprechen, anrufen lassen aus einem unvermutet auflodernden "Feuer", das sich als Augenblick Gottes kenntlich macht.[15]

Um Welt und Gegenwart nicht bloß naturhaft, trüb, in Dämmerlicht getaucht, ja barbarisch geprügelt und verhöhnt zu sehen, sind Augen nötig, die lichtempfindlicher sind als die natürlichen Sehorgane: nämlich die *Augen des Herzens.* Sie sprechen auf zarte, unscheinbare Impulse und Lichtblitze hier und dort an, welche bezeugen, dass, fast verborgen unter Kälte und Frost, etwas am Wachsen, am Knospen ist, das Leben und Zukunft verheißt.

Sie schauen tiefer als die nur sinnlichen Augen, sehen unter und neben weltweit aufbrechender Barbarei zart und doch real einen "neuen Himmel und

---

[15] Ein schlichtes Beispiel: das Experiment "Maria als ..." in Stuttgart, erläutert zB in Bibel und Kirche 2/2025,106-109

eine neue Erde" andeutend sich abzeichnen, "in denen Gerechtigkeit wohnt" (2 Petr 3,13).

Diese lassen ahnen: für Ursprung und Fortgang der Schöpfung ist nicht bloß ein kosmischer "Urknall" verantwortlich, sondern auch ein "Urknall" der Liebe ...

DAS BÖSE IM LICHT DER HEILIGEN SCHRIFT

Beim Vorgespräch stellte ein Hörer die Frage: Wenn Gott die Welt erschaffen hat und Gott gut ist - woher kommt dann das Böse?

Das ist in der Tat eine kapitale Frage. Biblisch gesprochen ist "gut" das, was zugute kommt. Das "absolut Gute" gibt es nicht. Etwas kommt "zugute": mir, nicht dir. Was ist dann gut?

Mit dem Wortpaar "gut und böse" stehen wir vor einem Kessel, in dem es kocht; vor einem großen Problem.

Ich zitiere den Anfang des Johannesevangeliums, den sogenannten "Prolog":

"Im Anfang war das Wort und das Wort war bei Gott. Im Anfang war es bei Gott. Alles ist durch das Wort geworden, und ohne das Wort wurde nichts, was geworden ist. In ihm war das Leben, und das Leben war das Licht der Menschen".

Was ist das für ein Text?

Ich übersetze jetzt einmal so, wie man meines Erachtens übersetzen muss: "Wort", *lógos*, Gottes Wort meint *Bundesrede*! "Im Anfang war Bundes-rede"!

Das heißt: *Berufung, Einsetzung, Sendung.* Dies als biblisches Grunddatum! Also kein Weltgesetz, sondern: *im Anfang war Berufung, Einsetzung, Sendung.*

Alles und jedes ist berufen, eingesetzt und gesandt.

Weiter heißt es: "Und das Wort – die Bundesrede, die Berufung – war *zu Gott hin".*

Der griechische Formulierung *lógos pròs tòn theón* heißt nicht "bei Gott". Sie meint *Berufung zu Gott hin.*[16] Abschließend heißt es "und gotthaft (theós) war die Berufung" (Joh 1,1).

Was heißt: gotthaft, gottartig war die Berufung?

Das ist die Frage nach dem Inhalt. Der Evangelist schaut hier voraus auf den "guten Hirten" Jesus (Joh 10,12) in Erinnerung an die Ankündigungen von *Jesaja* und *Jeremia.* Es geht also um *suchen und retten, was ansonsten verloren geht.* Denn das gibt es: Wesen, die verloren gehen, umkommen, verrecken, absacken.

Jetzt wird unsere Aufmerksamkeit weggerissen vom metaphysisch hohen Gottesbild, hinunter in die Maische der *Geschichte,* in diesen "Sauladen", wo so viele umkommen, verrecken, sterben, zugrunde-gehen, totgeschlagen werden.

---

[16] Die grch. Präposition πρός (*prós*) mit Akkusativ bedeutet *gegen-hin, zu hin. Prós* mit Dativ meint *bei.* Das Joh-evg setzt im griech. Original *prós* mit *Akkusativ:* πρὸς τὸν θεόν (*pròs tòn theón*). Die oft ange-botene Übersetzung *bei* verfehlt den Kasus.

Da hinein zieht uns das Evangelium.

Es setzt ein: "Im Anfang". So lautet das Grunddatum – kein zeitliches. Als Ursprungs- oder Grunddatum – hat euch zu gelten: *Ursprung* war *lógos:* Berufung, Einsetzung, Sendung!

Und diese Berufung – sie gilt allem und jedem – war und ist eine Berufung zu Gott hin, war und ist *gotthaft* dem Inhalt nach: *suchen und retten, was verloren geht!* Und, nochmals: Alles und jedes soll zugute kommen!

In Genesis 1 hießt es: Gott schuf Himmel und Erde, das Licht, ein Gewölbe usw. Und dann kommt der Refrain "Gott sah, dass es gut war". Gemeint ist "*er*sehen": Gott ersah das Geschöpf, dass es zugute kam: das Wasser, das Licht, das Himmelsgewölbe, Pflanzen und Tiere, schließlich der Mensch. Hier sagt der Text sogar "sehr gut".

Das ist nicht absolut gemeint. Kein Mensch ist ja absolut gut; vielmehr ist er gut, wenn er in *Situationen*, wo es brennt, *zugute* kommt. Anderen und einander zugutekommen, das ist biblisch *Berufung, Einsetzung, Sendung für den Menschen.*

Es geht, philosophisch ausgedrückt, nicht um ein Ideal, nicht um die Essenz (Wesen) von Mensch und Welt, sondern um *Existenz*, um solches Existieren, solchen Existenzvollzug.

Das besagt: der Mensch, wie er zur Welt kommt, braucht noch etwas. Er ist noch nicht gut, das kleine Kind ist ein Egoist, ein Raffer und Fresser. Es muss ihm erst erweckt werden, dass er den anderen wahrnimmt als einen "anderen", der "anders" ist, dem er dann vielleicht zugute kommt.

So zeigt sich das Grundbild: die Welt, wie sie von Natur ist, ist nicht schon gut. Ihre Güte muss entdeckt werden. Der Mensch, wie er von Natur aus ist, muss ins Gute gelockt werden. Es muss mir von Mutter und/oder Vater erst erweckt werden, dass ich aus mir herausgehe, mich selbst vergesse, freundlich werde und zugute komme.

Das ist nicht naturgegeben. Der Mensch ist nicht von Natur aus gut *so*, dass er anderen gut ist und gut will.

Auch von Gott gilt: er ist nicht von Natur gut. Das ist Wesensdenken. Die Bibel macht uns bekannt mit einem dynamischen Gott, einem akuten, also lebendigen Gott. Er wird erfahren als zugute kommend. Er kommt zugute. Als solchen brauchen wir ihn: zugute kommend. Sonst sind wir verloren – verloren in unserem Egoismus, in unserer Rücksichtslosigkeit, in unserem Hang zum Krieg aller gegen alle.

Der Mensch wäre dann – ohne Gott – ganz natürlich, nur natürlich. Solches Agieren wird erlebt als *böse*. Böse heißt zum Schaden von, überfahrend, rücksichtslos, Insoweit ist der Mensch rein natürlich, naturhaft.

Der natürliche Mensch findet das in Ordnung, findet es "gut". Er wählt die Welt, die Menschen aus je nachdem, wie sie ihm zugute kommen. Entsprechend handelnd findet er sich "gut".

Soweit unser Vorgeplänkel. Wir sollten uns merken: Gott ist lebendig, bricht herein in unsere Abläufe von Ursache und Wirkung, in das Berechenbare und Berechnende; all diesem entzieht er sich. Gott bricht ein, zieht uns aus uns heraus auf andere hin, appelliert an Güte, an Zugute-kommen.

Was heißt also nun "böse"? Die "Heiden" – gemeint sind hier die Staatenwelt des Alten Orient im Umkreis des entstehenden Israel – Ägypten, ein Großstaat, dann Mesopotamien, Sumer, Akkad, Assyrien, Babylon – Großstaaten – und die anatolische Hochebene, das Hethiterland, auch ein Großstaat, und die Ebenen in Kanaan. Umgefähr 4000 v. C. kam es zur Gründung dieser Staaten. Diese Staaten führen ihre Existenz auf Mythen[17] zurück.

---

[17] Der Mythos, streng genommen, ist eine Sprachgestalt, in der *Naturkraft* personifiziert auftritt, handelnd u. leidend. Insofern ist der Mythos das Gegenteil von *Geschichte*.

Wenn man die Mythen dieser Staaten auf ihren Grundbestand zurückführt, lassen sie sich in einem Satz zusammenfassen: "Der Menschen waren zu viele geworden, der Boden (die ⁽adamah) konnte sie nicht mehr ernähren". Also Hunger, Hungersnot, Lebensnot. "Da schlossen sie sich zusammen und gründeten den Staat ..." Was aber ist nun der "Staat"? Er ist die Parallelschaltung aller Intelligenzen, aller Gesundheit(en), Muskelkräfte zur Arbeit, um also in Parallelschaltung die Güter zu produzieren zum Überleben.

Jetzt haben Sie eine Grundweise, eine Grundmelodie für das Mensch-sein in diesem Staat. Der Sammelbegriff für dieses Kollektiv, für diese Staatsgesellschaft heißt ⁽adam. Und der Chef oben, der Leiter, der Politiker heißt *ben ⁽adam,* der sog. "Menschensohn". Der ist der Organisierer und als solcher Alleinherrscher, weil Garant des Gesamtwohles. Alle diese Staaten damals waren absolute Staaten, die Regenten Alleinherrscher. Ihre Aufgabe, Pflicht war, für die Masse der Gesellschaft das Ganze zu organisieren: mit Hilfe von Naturwissen und Naturrhythmen, Naturgesetzen und deren Anwendung – Technik – zu organisieren und dann arbeiten, arbeiten lassen (Industrie), um zu produzieren, die Produktion, die Wirtschaft in Gang zu setzen und zu halten. Wenn die Wirtschaft floriert, geht es dem Staat gut. Dazu hilft die Politik, d.h. die Großorganisation der zahlreichen Unternehmen und des Handels. Wissenschaft, Technik, Industrie, Wirtschaft und Politik – das ist nichts Schlechtes, vielmehr Lebensnotwendiges.

Und da hinein stößt unsere ungeheure Provokation: Dieser ganze Betrieb en gros *ohne Gott* ist *böse!*

Dem müssen wir nachgehen. In der Menschheits-geschichte unseres Kulturkreises – der umfasst Assyrien, Babylonien, Ägypten, Hethiter, Kanaan, Perser, Griechen, Römer bis herauf zu uns – stoßen wir stets auf den *Staat.* Aus dieser Geschichte und Tradition kommt unser Staat, kommen wir als dessen Bürger. Gewollt oder ungewollt sind wir hineinverstrickt in den Staat und sein ´Mach-Werk`, in das Gemache von Wissenschaft, Technik, Industrie, Wirtschaft und Politik. Vom Kindergarten an werden wir trainiert, da mitzumachen, mitzu-spielen. Wir ergreifen einen Beruf und spielen uns ein in die Praxis. So sind auch wir " ᵓadam", trainiert zum Mitmachen zum Zwecke von Hunger stillen, Durst löschen, Nöte wenden. Die Kurz- Formel heißt "Brot zum Essen, Gewand zum Kleiden, Haus zum Wohnen"! Das muss der Staat, müssen wir mit dem Staat "produzieren". Gelingt es, *haben wir es gut und fühlen uns gut.*

Aber was ist der Preis? Gewöhnlich Alleinherrschaft des Großorganisators, Staatsmanns, des "ben ᵓadam". Wenn er es garantiert, haben wir es gut. Dieser Zustand heißt biblisch *šalom*, Friede.

šalom ist, wenn die wichtigen Bedürfnisse gestillt sind, kein Mangel mehr vorherrscht.

Das ist die Zielsetzung von Staat seit 4000 v. Chr. in unserem Kulturkreis.

Was ist der Preis dafür? Der eine hat Erfolg, der andere nicht. Dieser will aber auch leben, essen wohnen usw. Dann soll er den Erfolg *kaufen*. Hat er kein Tauschmittel, kein Geld, muss er eben arbeiten für jene, die Erfolg haben. Bleibt er abhängig vom Erfolg seines Chefs, lebt er *im Dienst* des wirtschaftlich Starken (bis hin zur Leibeigenschaft, zum Sklaventum). Im rein natürlichen Staat hat der Freie (weil Erfolgreiche) Diener und Sklaven. Und fühlt sich dabei gut, findet das Sklaventum gut. Der Sklave muss ja nicht "verrecken", er wird vielmehr gefüttert, ist "versorgt". Daran nahmen viele Sklaven keinen Anstoß, sie waren ja versorgt. Diese Mentalität lebt bis heute. Viele wollen bloß versorgt sein. Viele sind glücklich, wenn einer sie anschirrt, und sie lassen sich gern anschirren, arbeiten, kriegen dafür, was sie zum Leben brauchen: "Brot zum Essen, Gewand zum Kleiden, Haus zum Wohnen".

Nun sind wir mitten im Großbetrieb, im Riesenbetrieb. Wer lehnt den ab? Wohl bloß ein Lump, ein Herumtreiber, ein "Asozialer" – der kriegt einen Fußtritt, soll halt verrecken ...

Eine brutale Gesellschaft, bloß und nur auf Gewinn, Profit programmiert.

Nun das Entscheidende:

In diesem Rahmen macht der Mensch, der ᵓadam, den Griff nach den Dingen der Natur. Nach dem Boden, dem, das was da wächst – Getreide, Rüben, Kartoffeln, Tomaten, Trauben etc. – Dabei entdeckt er: die Natur kommt unserem Trieb, Hunger, unserer Arbeit immer schon zuvor: als Wasser, Luft, Erde. Die Natur kommt uns zuvor, sie begleitet jeden Schritt, jeden Handgriff, jede Anstrengung. Ihre Gesetze führen uns. Und: sie ergänzt unsere Anstrengung.

Am deutlichsten sieht es der Bauer an seinem Acker. Er macht ihn zurecht, rodet ihn, holt Steine heraus, zieht Furchen, bringt Mist ein, sät, eggt - und geht heim – die Natur lässt wachsen Getreide, Kartoffeln. Die Natur kommt dem Menschen zuvor, begleitet und ergänzt ihn – und der muss es anerkennen, sich führen lassen. Denn die Natur kennt alles, was ich je kennen kann; kann alles, was ich je können kann. Die Natur lehrt alles, was der hungrige Mensch, der ᵓadam, lernen kann.

Die Natur also ist Kenner, Könner, Lehrer des ᵓadam.

Was machen wir nun, wenn wir so reden? Wir personifizieren die Natur, nennen sie Kenner,

Könner, Lehrer, "Meister" des ꜀adam. Der semitische Ausdruck dafür lautet *bá'al.*

Wir müssen diese schlichten Zusammenhänge zur Kenntnis nehmen. In der Bibel ist *bá'al* die gegnerische Größe. Kein Wunder – erscheint sie doch, sie allein, *all*mächtig, *all* dessen mächtig, was wir brauchen zum Leben: Brot zu essen, Gewand zu kleiden, Haus, darin zu wohnen. Daher die Erfahrung: die Natur ist uns gut! Kommt uns zugute! Gibt uns das, was wir zum Leben brauchen. Garantiert Fortschritt und Zukunft. Wie sollten wir also die Natur nicht lieben? Nicht als unseren Meister anerkennen? Sie verehren als Mutter, als Vater!? Als unsere Zuflucht, als unsere Mutter, unseren Vater, Lehrer, Meister fromm verehren?! Danken und Dankopfer spenden?! Erfolg und Fortschritt verdankt der ꜀adam seinem Meister: *bá'al.*

Die Staaten, Regierungen machen, *bá'al* folgend, ihre Haushalte, Zukunftspläne, Prognosen auf Leben und Tod. *bá'al* hat in den antiken Kulturen, Staaten Namen wie Amun-Re, Marduk, Dagon, Zeus, Jupiter ... gemeint ist stets die vergötterte Natur. Ihr wird alles geopfert: Leben, Gesundheit, Erfolg, Intelligenz, Krieg oder Friede. Ein brutales System: die Schwachen, Erfolglosen, Kranken, Behinderten, "Faulen und Nutzlosen" stehen am Rand, werden Sklaven oder "verrecken". Die Antike kennt keine Spitäler, Krankenhäuser, Versicherungen, Armenspeisungen (Tafeln), keine Menschenwürde. Bei allen kulturell großartigen Leistungen ist das heidnische Altertum "böse" im biblischen Wortsinn.

Diesem System widerspricht die Bibel: *nicht gut* ist die Alleinherrschaft, ist der Absolutismus des ᵓadam auf Erden (Gen 2,18). Nicht ist gemeint, der Mensch brauche eine Gespielin ... Gemeint ist: "Nicht gut ist, dass der ᵓadam allein (absolut) regiert!"

Das absolutistische Herrschaftssystem des Alten Orient ist "nicht gut", d.h. böse!

Natürlich hält der absolute Staat sich selber, sein System, seine Gesetze, sein Handeln für gut. Aber *nicht gut ist er im Urteil der Bibel!* Nicht gut im Sinne von Gen 2-3 ist der absolute Anspruch des Staates auf Menschen: die Alleinherrschaft, die Kritikent-hobenheit seiner Herrschaft.

Lehrreich ist das Alte Rom. Nach dem Königtum wurde es eine Republik. Dann kam Caesar nach seinen militärischen Erfolgen in Gallien. Er wittert seine Chance, überschreitet den Rubicon mit seiner Armee und marschiert auf Rom. Sein Ansehen, seine Macht werden zur tödlichen Gefahr für die Republik. Diese, die Gefahr des Absolutismus wollen seine Mörder ausschalten. Aber dann setzt sich Augustus durch, liquidiert die Republik und etabliert den absoluten Staat - wie früher schon der Alte Orient, Ägypten, Babylonien, Assyrien usw.

Augustus wird gepriesen als Friedensfürst. Dessen Friede erschöpfte sich für die Leute, die Menschen in elementaren Dingen: Brot zum Essen, Gewand zum Kleiden, Haus zum Wohnen. Auf Augustus richten sich die Erwartungen bis in die Tage Jesu, bis die Illusionen zerbrechen: Kriege kommen wieder, Friede bleibt eine Sehnsucht. Die soziale Ungleichheit, Ungerechtigkeit bleibt bestehen: Freie stehen gegen rechtlose Sklaven. Keine Politik für die Armen. Das soziale Gefälle gilt als naturgegeben.

Wir spüren es: die starke soziale Ungleichheit bleibt bestehen, spaltet die Völker, die Massen in Glückliche und Unglückliche. Der Tod, der frühe Tod, der massenhafte Tod ist Herrscher, ein Gewaltherrscher.

Daher die biblische Grundsicht: Nicht gut ist die Alleinkompetenz des Adam! Denn er hat nie die Macht des Todes gebrochen und kann sie nicht absolut brechen (was heute der *homo novus* bezweifelt). Er könnte und kann sie relativ brechen: durch soziale Gerechtigkeit, Krankenfürsorge, Förderung der medizinischen Wissenschaft u.a.m.

Nur von Einem bezeugt die Bibel: "Gott hat dem Tod die Macht/die Kraft genommen" (2Tim 1,10).

Gehen wir einen Schritt zurück.

Schon vor ca. 4000 Jahren haben die Menschen begriffen: der Staat, unser Staat hat einen Ur-Feind seines Erfolges, ja Bestandes - einen vierfachen Feind. Es sind herkömmlich *die Flut, die Dürre (Wüste), die Finsternis, der Tod.* Diese Mächte bedrohen, zerstören was Menschen sich aufbauen zum Leben, zum Über-Leben. Das sind Mächte, die nicht nur die Alten spürten; vielmehr bedrohen sie zahlreich auch uns heutige Menschen, wie Katastrophenmeldungen bezeugen. In und an diesen Feindmächten erleben Menschen den Grundsinn von böse: Feind, Stillstand, Verwirrung, Zerstörung, Hilflosigkeit, Tod.

Diese Grunderfahrungen machen schon die Menschen der biblischen Zeit. Die gute, hilfreiche Natur heißt bei ihnen *bá'al*. Die Bösmächte tragen den Sammelnamen *Tiamat, T^ehom, Rahab,* Personennamen. *Böse* sind diese Mächte als Schaden- und Todmächte. Sie repräsentieren insgesamt den Tod und seine fürchterliche Macht. So ist der Urkampf zwischen Gut und Böse.

Die Menschen gewahrten früh auch die gute Macht, die Lebensmacht, die sie gern in der Sonne verkörpert sahen. Ihr Lebenshunger und ihr Bemühen um sittlich gutes Leben erwarteten früh die Überwindung ihres sterblichen Daseins im Jenseits. Der ausgeprägte Gräberkult in Altägypten und in anderen frühen Kulturen legt davon Zeugnis ab. Aber Nachkömmlinge wie die Grabräuber entdeckten, dass die den Verstorbenen mit in den Tod gegebenen Beigaben unberührt blieben, dass die Verstorbenen sie offenbar nicht benötigten, und schlossen daraus, dass deren Tod endgültig sei. So bestärkte der Gegensatz Leben – Tod auch die Kluft zwischen "Gut" und "Böse", zwischen Siegern und Verlierern, Herren und Sklaven (sowie Frauen).

Die Stärke, die Übermacht der Gewalten, die Menschen als "böse" empfinden, zeigt sich in ihrer Wirkung als Chaos, im *Tohuwabohu*, das plötzlich, unberechenbar aufbricht und sich menschlicher Berechnung und Kontrolle entzieht. So erleben Menschen die Welt – ohne Gott.

Nun heißt es (in Gen 2,17), der Mensch solle *nicht essen vom Baum der Erkenntnis von Gut und Böse.* Was soll man darunter verstehen?

Ich sage verkürzt: *Das Anwesen Gottes auf Erden unter den Menschen ist die unbedingte Solidargemeinschaft in Situationen der Not.*

Neben der lückenlosen, berechenbaren Ursache-Wirkung-Kette gibt es die Unterbrechung. Die unvorhergesehene, unberechenbare Unterbrechung nennen wir eine *Situation*.

In der *Situation,* welche den Normalbetrieb unterbricht, die Betroffenen gefährdet, sie erschüttert, sie vor eine Entscheidung stellt, kann es geschehen, dass die so Gestellten sich angegangen, ja gestellt fühlen, vor die Entscheidung gestellt sehen, entweder uninteressiert am Schicksal der anderen auseinander zu fliehen ("rette sich, wer kann!") oder vereint, gemeinsam: zu einer Einheit zu finden im Bewusstsein: die Gefahr, das Unrecht u.ä. geht uns alle an, wir – ansonsten einander Gleichgültige – sitzen jetzt miteinander, gleich zu gleich in einem Boot, gehören zueinander, lassen uns die anderen angehen, werden hier und jetzt *eins*, eine Einheit. Diese bedeutet zugleich *Friede* für die Beteiligten, *nun* - jenseits des normalen Egoismus – zueinander Gehörigen: *Einheit, Friede..*

Diese in Situationen von Not, drohendem Untergang errungene, Überleben ermöglichende Einheit hat im biblischen Hebräisch den Ausdruck ḥaj, der *Leben*, aber auch *Gruppe* bedeutet. *Leben*, nicht biologisch, sondern soziologisch verstanden, heißt Gruppe, Gemeinschaft in Situationen der Not, des drohenden Untergangs.

Durch diese Reaktion der Einheit, Gemeinsamkeit, Zusammengehörigkeit entsteht unter den Beteiligten ein *Innen*, eine Intimität (hebr. qæræb), materiell ausgedrückt nᵉšāmāh, deutsch *Hauch,* die dünnste Art Materialität, Intimität einer Gemeinschaft, die auffängt und birgt.

Doch wie entsteht, woher kommt dieser Hauch? Wie entsteht er? Er wird, er entsteht *plötzlich, unversehens, augenblicklich, unvermittelt* und wird im

Moment als *unbedingt angehend* empfunden und erfahren. Was unbedingt angeht, heißt im Hebräischen *'êl*, auf Deutsch Gott.

Auf solche Weise kommt Gott ins Spiel in der Egoisten-Welt des "Adam": ein Anwesen Gottes auf Erden unter Menschen per Solidargemeinschaft von Vielen in Stunden der Not. So kommt der biblische Gott in die Erfahrung auch unter denen, die ihn nicht kennen.

Damit Leser*innen in etwa ahnen, wie das ist: Denken wir an das Neugeborene und die Mutter. Die Geburt provoziert bei der Mutter – auch sie von Natur egoistisch – ein Aus-sich-heraus-Treten, Sich-angehen-Lassen, Annehmen, Zu-eigen-annehmen, Zugehören.

Das ist ein Grundvorgang des Hereinkommens Gottes in unsere Welt. Die anstehende Geburt provoziert das Hereinkommen und Anwesen Gottes in unserer Welt.

Komplementär das Sterben. Auch dieses provoziert Beistehen, Sich-angehen-lassen, Zusammenhalt in der Stunde der Not.

Da gibt es auch das große Leid, dass Menschen dem Anstoß, ja Drängen Gottes nicht folgen, der auch durch sie hereinkommen möchte in die Not, um Solidargemeinschaft zu schaffen im Andrang der Gefahr. Der hereinbrechen will, zerbrechen will das Böse und seine Gefahr. Gott zerbricht mit uns, durch uns, bei uns die Macht des Bösen, kehrt uns um, dreht uns um und lässt uns anderen, einander *zugute* kommen.

Gott allein, sein Anwesen unter uns ist die Macht, welche das Böse und seine Gewalt bricht. Mit uns als Werkzeugen, sind wir als Getaufte (aber auch Menschen sonst in Momenten) berufen, eingesetzt und gesandt, seinem Ruf, seiner Berufung (die oft ein Moment ist) zu folgen, den Egoismus, der nicht "gut" ist, zu überwinden, uns "schicken" zu lassen in ein jeweiliges Anderen-zugute-Kommen und -Tun.

Wer es durchgemacht hat, weiß:um das Befreiende solch einer Erfahrung: Freikommen vom Druck des Ego-Triebs, vom strafenden Druck des Gewissens, von Furcht vor der Freiheit.

Gleichzeitig erwacht im Menschen Gegenwehr gegen das Versagen und das Schuldgefühl: man konnte nicht anders, man "muss auch an sich denken", der Ego-Trip ist nicht immer schlecht (vielmehr "naturnotwendig"), auch "die anderen" benehmen sich so, usw. Hier besteht die natürliche Bosheit der Menschen weiter, will nicht "böse" gewesen sein, sondern "normal" u.ä.

Die Einladung Gottes, vielmehr die Berufung Gottes will Menschen aus dem Zwangssytem der bloßen Natur herauslocken, heraus aus der "Normalität" des Bösen, des gepanzerten Egoismus, des bloßen Ego, hin zu einem "Selbst", das den bösen *bá'al* in sich und in anderen überwindet.

'êl, Gott, ist es, der in Situationen der Not und Entscheidung das Ego, den *bá'al* in Menschen überwindet – überwindet dazuhin, anderen oder einander *gut* zu sein, *zugute* zu kommen.

Schauen wir beispielhaft in Altisrael auf die Könige, auf *David*. Da ist zunächst Alleinherrschaft, Monokratie. Einem Streber und Monokraten wie *David* wird ein Israel angeboten: armselig, von den Philistern geschlagen, gedemütigt. An David zeigt die Hl. Schrift, dass es Gott um *Rettung* zu tun ist, dass auch ein Streber wie David erkennt, er sei ein bloßes Werkzeug für *Gott*, der die Menschen *retten* will (1Sam 17,47; 2Sam 5,2; 7).

Jedes Menschen Ego ist von Natur monokratisch gesinnt. So auch David, Er aber wurde auf Bitten und Rat der Ältesten Israels bekehrt und erkennt aus ihrer Rede: Gott hat sich deiner bedient, um uns zu retten (und dich zugleich und in einem von deinem Egoismus bekehrt).

Als aber *Salomo* nachfolgt, wird er vom biblischen Erzähler gerichtet: "er tat, was in Jahwes Augen böse ist" (1Kön 11,6), denn er folgte Jahwe nicht nach wie sein Vater David. Kaum zur Herrschaft gekommen, gleitet Salomo ab in Alleinherrschaft, verfällt der bloßen Menschennatur, huldigt konsequent dem *bá'al,* ist naturfromm und vergisst Jahwe. Das ist in den Augen der Bibel *böse.*

Danach heißt es mehr als zwanzig Mal im Buch der Könige anlässlich der Beurteilung der nachkommenden Könige: "Er tat nicht nach dem Herzen seines Vaters David ... er war böse!.

Daran zeigt sich, was "böse" im Urteil der Bibel bedeutet: der (menschlichen) Natur und nur der Natur folgen, dem Egoismus huldigen, das heißt, *nicht* anderen gut sein, zugute-kommen wollen, sondern – dominant – es selber, für sich gut haben wollen.

Das ist nicht leicht zu erklären, aber ich will es versuchen.

Gen 2,17: "Ihr sollt nicht essen vom Baum der Erkenntnis von Gut und Böse!"

Was soll man da verstehen?

Alle fruchttragenden Pflanzen sind gesammelt im Bild des Baums, des Früchtebaums. Jetzt kommt der (Groß-)König, der die Wirtschaft ankurbelt. Er ist der, der vom Früchtebaum erntet und verteilt. Er, der *Herrscher,* wird bezeichnet als Baum - so David, Salomo. Er also soll die geernteten Früchte im ganzen Land *zur Verteilung bringen* in einem Mahl so, dass *alle* satt werden. Diese Mahl-Gemeinschaft als Solidargemeinschaft heißt *Leben,* hebräisch ḥaj. Weil der Herrscher, der König sozusagen der Wirtschaftsbaum ist, nennt die Bibel ihn "Baum des Lebens".

So gesehen ist es unausweichlich, dass die ganze Gesellschaft auf den Baum des Lebens schaut und ihn verehrt. Er ist ihnen wie eine Mitte, ein Halt, das Leben: "Baum der Mitte".

Und nun: alle arbeiten im Land, im Staat und liefern die Erträge ab, deponieren sie in Scheunen. - so wie bei Josef im Ägypten. Nennen wir ihn Vorbild: er hat recht getan. Die Früchte von aller Arbeit wird gesammelt in Scheunen, um dann auszugeben "Brot zum Essen, Gewand zum Kleiden, Haus zum Wohnen". Nicht bei Josef, aber bei vielen Herrschern regiert innerlich der Egoist. In den Palästen wird geprasst, in den Hütten gedarbt. Das ist das Erzübel. *Der* – auch *die* – missbraucht seine, ihre Stellung. Es war gang und gäbe (nicht bei Josef in Ägypten). Die Herrscher missbrauchten ihre Stellung, ihre Macht, die Macht der Fürsorge. Sie aßen vom Baum der Erkenntnis auf Gut und Böse. Denn es kam ihnen zu, bei der Ablieferung der Arbeitsfrüchte zu erklären: "Guter Knecht", "böser Knecht". Wir kennen es aus dem Evangelium: "erkennen auf gut", "erkennen auf böse", wie im Gericht: "guter Knecht", böser Knecht" (vgl. Mt 25,21). Doch sie selber "essen" von diesem Amt, vom Baum des Erkennens von (= auf) Gut und

Böse, hamstern in die eigene Tasche: in den Palästen wird geprasst.

Es heißt aber: vom Baum der Erkenntnis auf Gut und Böse sollst du nicht essen, in keinem Fall, niemals! Wenn du davon issest, fängst du dich im alten Problem, der alten Not: Dann musst du sterben als Konsequenz. Dann bist du herunter-gefallen auf das *bá'al*-System, hast es "gut", hast Güter, Fortschritt, Wohlstand, aber hast am Ende das ungelöste Problem: den Tod, den Tod von Gemeinschaft, von Solidargemeinschaft.

Dieses Verhalten und dieser Zustand wird im Rahmen der Berufung als unerlöste Schuld,(ein Schuldig-bleiben) als *Sünde* bezeichnet und Tod der Solidarität. Der Tod (zunächst der Tod der Solidarität) ist der "Lohn" oder "Sold" der Sünde. Der Egoismus macht Unglück, Sterben, Tod zum ungelösten Problem.

Runden wir ab mit Auslegung des Textes von Dtn 30,15ff. Da heißt es, nachdem Mose dem Volk das Gesetz Gottes verkündet hat:

15 Sieh, gegeben habe ich heutigen Tags vor dich hin das Leben

Leben ist Zusammenhalt der Vielen

in der Stunde der Not und Anwesen Gottes

und das Gute und den Tod und das Böse

ich übersetze anders:

gegeben habe ich ... das Leben, *will sagen*

(ganz praktisch) das Gute

und den Tod *will sagen: das Böse*

Böse ist es bestellt mit dir, für dich

dann heißt es weiter:

16 Da ich heuttags dir gebiete, IHN deinen Gott zu lieben, in seinen Wegen zu gehen, seine Gebote, seine Satzungen, seine Rechtsgeheiße zu wahren: leben wirst du, wirst dich mehren.

17 Wendet sich aber dein Herz, hörst du nicht, lässest dich absprengen, neigst dich anderen Göttern, dienst ihnen,

neigst dem bá'al zu und dienst ihm fromm

18 Ich vermelde euch heuttags, dass ihr dann schwindet, schwinden müsst, nicht werdet (eure) Tage längern auf dem Boden.

19 Zu Zeugen habe ich heuttags gegen euch den Himmel und die Erde genommen, das Leben und den Tod habe ich vor dich hin gegeben, die

Segnung und die Verwünschung: wähle das Leben, damit du lebst, du und dein Same:

20 IHN Deinen Gott zu lieben, auf seine Stimme zu hören, an ihm zu haften, denn das ist dein Leben und die Länge deiner Tage.

Das also ist die Wahl. Wir sind in eine Krisis hineingestellt von Anfang an. Und wir verstehen jetzt, was gemeint ist: Ein Neugeborenes in dieser Sicht, Egoist wie es ist, ist in Sünde geboren. Das hat nichts mit dem Geschlechtsakt zu tun (das ist Unsinn). Es ist *von Grund auf der Sünde ergeben.* Es muss also *herausgeholt werden durch Zuwendung.* Zuwendung, bis da aufbricht, was wir nennen "Urvertrauen". Im Urvertrauen verlässt ein solches Egoisten-Kind sich, sein Ich und wendet sich zu dem Vater, der Mutter. Dies ist *das* Wunder Gottes auf Erden unter uns Menschen. Er befreit uns von der Schuld, von der Sünde, vom Bösen und von dessen Macht.

Zu den Autoren

Klaus P. Fischer, geb. 1941 in Stuttgart, studierte Klassische Philologie, Philosophie und Theologie in Tübingen, Innsbruck, Paris und Frankfurt/M. Theologische Promotion und Habilitation am Institut Catholique de Paris bei Henri Bouillard SJ über die Anthropologie Karl Rahners ("Der Mensch als Geheimnis"). Mitglied des Oratoriums des hl. Philipp Neri in Heidelberg.

Langjährige Tätigkeit in Pastoral, Religionspädagogik, Klinik-Seelsorge, Erwachsenenbildung, Kirchl. Rundfunkarbeit u.a.m. Diverse Veröffentlichungen zu Themen des Glaubens und christlicher Welt-Anschauung, wie *Gott und Teufel, Gott und Schicksal, Schöpfung – Naturwissenschaft, Tod und Auferstehung, Eucharistie und Abendmahl, Mensch – Gott – Kirche, u.a.m.* Lehrbeauftragter für Katholische Theologie an der Evangel.-Theologischen Fakultät der Universität Heidelberg.

Hermann Seifermann (1925-2013), geb. in Neusatz/Bühl, nach mehrjähriger pastoraler Tätigkeit im Erzbistum Freiburg/Br Wechsel in das Oratorium München. Studium der vorderorientalischen Sprachen in Jerusalem. Dozent am Münchener Institut für Katechetik und Homiletik; danach Professor für Altes Testament und seine Didaktik am FHS-Studiengang der Katholischen Universität Eichstätt (bis 1990). Referent auf Tagungen zu Themen und Leitworten des Alten (und Neuen) Testaments u.a. in Würzburg, Heidelberg, Neustadt/W, Singen Htwl, Freising, Wiener Neustadt.

Weitere Bücher von Klaus P. Fischer hier:

Weitere Bücher von Hermann Seifermann hier: